DIE NEUE KÜRBISKÜCHE

Bildnachweis

Cover: stockfood.at
Rezeptbilder: Peter Bàrci, Wien
Josef Lederer: Foto Seite 7
Dipl. Ing. Wolfgang Palme: Fotos Seite 12, 13, 14, 15, 16 (links oben)
Ölmühle Fandler: Fotos Seite 16

ISBN 978-3-7088-0418-7

Autoren: Johann Pabst, Mag. Christine Dobretsberger
Lektorat und Layout: Lineaart, Wien
Umschlaggestaltung: Martin Jurkowitsch, Kneipp-Verlag
Druck: Druckerei Theiss GmbH, A-9431 St. Stefan

2. Auflage Leoben, Oktober 2007

Johann Pabst · Christine Dobretsberger

DIE NEUE KÜRBIS KÜCHE

kulinarisch · gesund · vielseitig

Inhalt

Vorspeisen & Brot

Suppen & Einlagen

Hauptspeisen – vegetarisch

Hauptspeisen – Fleisch

Hauptspeisen – Geflügel

Hauptspeisen – Fisch

Beilagen

Desserts

Abkürzungen:

kg = Kilogramm
g = Gramm
mg = Milligramm
Msp. = Messerspitze
EL = Esslöffel
KL = Kaffeelöffel
TL = Teelöffel
l = Liter
cl = Zentiliter
dl = Deziliter
ml = Milliliter
Pkg. = Packung
Bd. = Bund

Vorwort

Manchmal passiert es im Leben, dass eine Idee buchstäblich vor den eigenen Augen heranwächst. In diesem konkreten Fall hat es mit meiner privaten Wohnsituation zu tun, zumal unser Grundstück unmittelbar an ein Kürbisfeld angrenzt und ich Jahr für Jahr das Heranreifen dieses schmackhaften Gemüses beobachten kann.

Eines Tages war der Entschluss also einfach gefasst, neue Kürbisrezepte zu entwickeln. Und weil es sich hierbei noch dazu um ein typisch steirisches Grundprodukt handelt, bereitete es mir als Ursteirer natürlich eine besondere Freude, die Vorzüge dieser sortenreichen Gemüsegattung in vielseitige Kochideen umzumünzen. Denn: Von der Blüte bis zu den Kernen ist alles verwendbar, womit der Kreativität in der Küche nahezu keine Grenzen gesetzt sind. Kürbis lässt sich ebenso unkompliziert in Aufstriche und Brote verwandeln, wie in schmackhafte Hauptgerichte oder verführerische Desserts.

Darüber hinaus macht es Spaß, mithilfe des Kürbiskernöls, dem so genannten „schwarzen Gold" der Steiermark, selbst einfachen Rezepten – ohne großen Aufwand – eine delikate Note zu verleihen. Mit anderen Worten: Kürbis am Speiseplan wird nie langweilig. Eine Erfahrung, die ich nicht zuletzt meiner nunmehr 15-jährigen Tätigkeit im Spa- & Wellnesshotel Der Steirerhof***** Bad Waltersdorf verdanke, wo es mir ein großes Anliegen ist, in erster Linie mit frischen und bodenständigen Lebensmitteln aus der Region zu kochen.

Und da Kürbis auf Grund des positiven Zuspruchs mittlerweile nahezu das ganze Jahr über erhältlich ist, wünsche ich Ihnen schon jetzt eine ungebremste Freude mit diesem „Königsgemüse" und einen guten Appetit!

Johann Pabst

Einleitung

„Kaiser des Gartens"

In China nennt man ihn den „Kaiser des Gartens", hierzulande erlebt er seit einigen Jahren eine Renaissance: Der Kürbis, vormals als „Arme-Leute-Essen" abgetan, hält nunmehr Einzug in die Küchen der besten Restaurants. Zu verführerisch ist die Bandbreite seiner unterschiedlichen Geschmacksrichtungen; zu verbindlich das positive Echo der Feinschmecker aus aller Welt.
Kurzum: Kürbisse wissen zu überraschen. Das beginnt schon in botanischer Hinsicht, wo Kürbisse einerseits eine Pflanzengattung aus der Familie der Kürbisgewächse (Cucurbitaceae) sind, genau genommen aber – wie Tomate und Gurke – zu den Beerenfrüchten zählen. Quasi Riesen-Beeren, die ob ihrer nahezu unüberschaubaren Sortenvielfalt (ca. 800 Arten) in drei große Untergruppen klassifiziert werden: Cucurbita maxima, Cucurbita moschata und Cucurbita pepo.

Cucurbita maxima

Cucurbita-maxima-Sorten (Riesenkürbis) bringen die größten Früchte hervor. Der momentan gewichtigste Kürbis der Welt stammt aus den USA (Rhode Island) und brachte im Oktober 2006 satte 681,3 kg auf die Waage. Allerdings umfasst diese Gattung auch relativ kleine Sorten wie beispielsweise die knapp 1 – 2 kg schweren Hokkaido-Kürbisse. Prinzipiell erkennt man die meisten Exemplare an ihrer lederartigen Schale, ihrem orangen Fruchtfleisch und ihrem runden, korkigen Fruchtstiel, der zur Reifezeit trocken und bräunlich wird. Eine Vielzahl der Sorten lässt sich über die Wintermonate gut lagern und kann auch in kühleren Regionen angebaut werden.

Cucurbita moschata

Die Moschuskürbisse (Cucurbita moschata) zählen zweifelsohne zu den delikatesten Speisekürbissen. Besonders beliebt sind die Sorten Muskatkürbis, Langer von Neapel bzw. Butternuss. Allen Moschuskürbissen gemeinsam ist die Tatsache, dass sie – um zur vollen Reife zu gelangen – sehr warme Standorte benötigen. Überdies verfügen sie über ein festes Fruchtfleisch, das auf Grund des relativ eng abgezirkelten Samenbereichs ausgiebiger ist als bei anderen Cucurbita-Sorten. Die Fruchtstiele sind wenig gefurcht und etwas dünner als beim Riesenkürbis, allerdings breiter am Fruchtansatz. Die Textur der Schalen ist zumeist gerippt, nicht allzu hart und glatt in der Oberfläche.

Cucurbita pepo

Die dritte große Untergruppe bilden die so genannten Gartenkürbisse (Cucurbita pepo). Sie gedeihen auf Grund ihrer witterungsbedingten Unkompliziertheit in unseren Breiten besonders gut. Bemerkenswert ist auch die Vielfalt ihrer unterschiedlichen Erscheinungsformen. So zählen sowohl die zierlich anmutenden Pattisons zu dieser Gattung als auch Zucchini, steirische Ölkürbisse und Halloween-Kürbisse. Aber auch alle Spielarten der farbenfrohen Zierkürbisse sind artverwandt und werden speziell im Herbst gerne für dekorative Zwecke eingesetzt.

Gesundheitliche Aspekte

Abgesehen von seinen kulinarischen und optischen Vorzügen besitzt der Kürbis auch in gesundheitlicher Hinsicht bemerkenswerte Eigenschaften: Sein Fruchtfleisch enthält reichlich Mineralstoffe und Spurenelemente wie u.a. Kalium, Calcium, Magnesium, Eisen, Mangan und Zink. Zudem wirkt sich sein hoher Vitamin A-Gehalt in vielerlei Hinsicht positiv auf den menschlichen Organismus aus. Denn: Vitamin A ist nicht nur eine Prophylaxe gegen Krebs, Arteriosklerose und diverse Gefäßerkrankungen, sondern auch bei Hautproblemen überaus empfehlenswert.
Dass Kürbisse in ähnlich starkem Ausmaß wie Karotten auch in Sachen Zellschutzfunktion gut abschneiden, ist auf ihren außergewöhnlich hohen Gehalt an Carotinen im Wechselspiel mit den ebenfalls reichhaltig vertretenen Vitaminen C und E zurückzuführen.

Kürbis ist ideal für Diäten geeignet

Außerdem wirkt Kürbis harntreibend, stärkt Nieren und Immunsystem und schützt die Prostata des Mannes. Auf Grund seines hohen Wasseranteils (ca. 95 %) ist Kürbis auch ideal für Diäten geeignet.

Mit anderen Worten: Kürbis schmeckt gut und tut gut und ist das beste Beispiel, dass Genuss nicht immer Sünde sein muss.

Schälen & Teilen

Diverse Schäl-Utensilien

Kürbisse schält man am besten auf einer stabilen Unterlage. Je nach Sorte und Reifegrad sollten unterschiedliche Küchenutensilien verwendet werden. Kürbisse mit weicher Schale können mit einem Kartoffelschäler geschält werden oder mitunter sogar mit einem Tafelmesser abgeschabt werden. Hartschalige Sorten sollten zuerst mit einem scharfen Messer geviertelt werden.

Hartschalige Kürbissorten sollten vor dem Schälen zuerst in Stücke zerteilt werden

Zum Teilen harter Kürbisse verwendet man am besten ein Messer mit breiter Klinge oder ein Küchenbeil. Unbedingt sollte darauf geachtete werden, dass auf einer rutschfesten Unterlage gearbeitet wird. Es ist einfacher, wenn man zuerst schmale Stücke abschneidet und diese dann mittels Löffel entkernt. Danach werden die jeweiligen Kürbisstücke segmentweise mit einem scharfen Messer geschält.

Eine andere Möglichkeit wäre, den ganzen Kürbis im Backrohr bei 200 °C ca. 40 bis 60 Minuten zu garen. Danach wird der Kürbis mit einem scharfen Messer geteilt, entkernt und das Fruchtfleisch mit einem Esslöffel aus der Schale gekratzt.

Aufbewahrung

Tipps für eine optimale Lagerung

- Der Kürbis muss reif sein (klingt innen leicht hohl, wenn man ihn mit dem Finger antippt).
- Der Kürbis darf keine Druckstellen oder Einschnitte aufweisen. Schon die kleinste Verletzung führt zu schnellerer Fäulnis.
- Es ist unbedingt darauf zu achten, dass der Stiel des Kürbis mind. 5 – 10 cm lang ist.
- Im Rahmen der Einlagerung sollten sich die einzelnen Kürbisse nicht gegenseitig berühren oder übereinander gestapelt werden, weil sonst Druckstellen entstehen.

- Idealerweise sollten die Kürbisse nicht direkt auf den Boden, sondern auf eine Palette gelegt werden.
- Der Kürbis sollte an einem kühlen Ort eingelagert werden (ca. 10 – 15 °C).
- Mindestens 1 Mal im Monat sollten die eingelagerten Kürbisse nach etwaigen ersten Anzeichen von Fäulnis kontrolliert werden (schwarze Flecken, Einbuchtungen, etc.).
- Je nach Sorte variiert die Lagerfähigkeit zwischen 2 bis 12 Monaten.

Frisch aufgeschnitte Kürbisstücke sind im Kühlschrank (in Klarsichtfolie) ca. 1 Woche haltbar.

Kürbispüree – Grundrezept

Es gibt verschiedene Arten ein Kürbispüree herzustellen:

Im Backrohr:
Den gewaschenen, zerteilten, entkernten Kürbis auf eine Alufolie geben und mit den jeweiligen Gewürzen und Kräutern einschlagen. Im Backrohr bei 160 °C ca. 1 Stunde lang garen. Danach die Gewürze bzw. Kräuter entfernen und mittels Löffel das Kürbisfleisch herausschaben und mit einem Mixer fein pürieren.

Gewürze und Zutaten für ein pikantes Kürbispüree:
Thymian, Rosmarin, Zwiebel, Knoblauch Muskatnuss

Kochen auf dem Herd:
Den gereinigten, zerteilten, entkernten Kürbis mit einem großen Messer schälen und in grobe Stücke schneiden. Anschließend in einer Kasserolle (mit Deckel) in Wasser, Gemüsefond oder Weißwein weich dünsten und fein pürieren. Die Kochflüssigkeit kann man für Suppen oder Saucen weiter verwenden.

Gewürze und Zutaten für ein süßes Kürbispüree:
Zimt, Nelken, Kardamom, Orangen- und Zitronenscheiben, Macisblüte

Dampfen im Einsatzsieb oder Dampfgarer:
Den gereinigten, zerteilten, entkernten Kürbis mit einem großen Messer schälen und in grobe Stücke schneiden. Anschließend die Stücke in einem Einsatzsieb über Wasserdampf oder in einem Dampfgarer dämpfen. Dies ist eine besonders schonende Art ein Kürbispüree zuzubereiten.

Alle rotfleischigen Kürbissorten sind für Pürees geeignet

Sortiment

Eines steht fest: Kürbis ist nicht gleich Kürbis. Dies gilt sowohl in optischer wie in geschmacklicher Hinsicht. Der nachfolgende kurze Überblick konzentriert sich auf jene Kürbissorten, die im Rezeptteil Verwendung finden. Ausschlaggebend für diese Auswahl waren folgende Kriterien:

- unkomplizierte Beschaffbarkeit der Kürbisse
- hervorragend im Geschmack

Butternuss (Cucurbita moschata)

Mit Sicherheit einer der feinsten Speisekürbisse. Leicht süßlich und nussartig im Geschmack verleiht dieser birnenförmige Kürbis jedem Gericht eine ganz besonders delikate Note. Im Gegensatz zur sandfarbenen Schale ist das Fruchtfleisch intensiv orange und auf Grund eines eng begrenzten Samenkerns sehr ergiebig. Butternuss-Kürbisse können bis zu einem Jahr gelagert werden.
Gewicht: 1 – 2 kg
Speisetipp: Bestens geeignet für Rohkost und zum Einlegen.

Langer von Neapel (Cucurbita moschata)

Auf Grund seiner imposanten Form und Länge (ca. 60 – 100 cm) reüssiert diese grünlich gelb gesprenkelte Kürbissorte oft als Blickfang auf Märkten. Die scheibenweise herunter geschnittenen Stücke weisen ein orangerotes, überaus schmackhaftes Fruchtfleisch auf. Ebenfalls von Vorteil ist die relativ weiche und von daher leicht zu schälende Schale. Bei längerer Lagerung verblasst der Grünton und die Schale färbt sich großflächig beige.
Gewicht: 5 – 15 kg
Speisetipp: Bestens geeignet für Lasagne, Salate, eingemachtes Kürbisgemüse und Carpaccio.

Muskatkürbis (Cucurbita moschata)

Mittlerer bis großer flachrunder Kürbis mit markanten, tiefen Rippen. Zu Beginn ist die Schale dunkelgrün und färbt sich mit der Zeit allmählich beige. Wie der Name schon verrät, ist dem Fruchtfleisch eine charakteristische Muskat-Note zueigen. Dieser hocharomatische Speisekürbis benötigt, um zur vollen Reife zu gelangen, sehr viel Wärme und wird deshalb in erster Linie aus Südfrankreich und Italien importiert. In Österreich und Deutschland ist dieser empfehlenswerte Speisekürbis nahezu ganzjährig erhältlich.
Gewicht: 5 – 15 kg
Speisetipp: Bestens geeignet für Suppen, Pürees und Desserts.

Pattison (Cucurbita pepo)

Dass dieser originelle Vertreter der Garten-Kürbisse gerne auch als Ufo oder Bischofsmütze bezeichnet wird, liegt auf der Hand. Abgesehen von optischen Reizen, wissen die Pattisons allerdings auch in kochtechnischer Hinsicht zu überzeugen. Im jungen Zustand geerntet, können Mini-Pattisons mit der Schale verarbeitet werden, was nicht nur praktisch, sondern auch überaus aromatisch ist. Ältere Exemplare mit ausgehärteter Schale sollten eher für dekorative Zwecke verwendet werden.
Gewicht: 0,1 – 1 kg
Speisetipp: Bestens geeignet zum Braten (im Ganzen), Aushöhlen und Füllen bzw. für Snacks.

Steirischer Ölkürbis (Cucurbita pepo)

Gleich vorweg: Der Steirische Ölkürbis wird an dieser Stelle nicht wegen seines (geschmacklich uninteressanten) Fruchtfleisches erwähnt, sondern auf Grund seiner Kerne. Denn: Der Steirische Ölkürbis ist die einzige Kürbisart, die um die Samen keine harte Schale ausbildet, sondern nur eine filigrane Haut.

Deshalb eignet sich diese gegen Ende des 19. Jahrhunderts aufgetretene Kürbissorte ideal für die Kernöl-Herstellung und wird in dementsprechend verstärktem Maße in Österreich angebaut. Die Samen des Steirischen Ölkürbis sind – im Gegensatz zu den weißen Kernen fast aller anderen Kürbisarten – oliv- bis dunkelgrün.

Zucchini (Cucurbita pepo)

Der Name „Zucchini" leitet sich von der italienischen Verkleinerungsform von „zucca" (Kürbis) ab und bedeutet „kleiner Kürbis". Ähnlich wie andere Garten-Kürbisse, die nur im unreifen Zustand gut schmecken, sollten Zucchini bereits in einer Länge von ca. 10 bis 20 cm geerntet werden. Zu diesem Zeitpunkt haben sich die Samen noch nicht entwickelt und die Schale ist noch so weich, dass man sie essen kann. Lässt man Zucchini uneingeschränkt wachsen, erreichen sie die Größe von Kürbissen. Als typische Vertreter der Sommerkürbisse sind sie im Kühlschrank kaum länger als eine Woche haltbar. Zucchini werden in den Farbschattierungen hell-, mittel- und dünkelgrün bzw. in gelb und weiß gezüchtet.
Gewicht: 0,2 – 10 kg
Speisetipp: Bestens geeignet für Suppen, Saucen, Ragouts und vegetarische Gerichte. Ebenfalls empfehlenswert für Mehlspeisen (zB Kuchen).

Atlantic Giant (Cucurbita maxima)

Fürwahr der Riese unter den Kürbissen. Alljährlich werden mit dieser Sorte Weltrekorde in Größe und Gewicht erzielt. Unter der matt-orangen Schale liegt das hellorange Fruchtfleisch, das eine riesige Samenhöhle umhüllt. Ca. 1 – 2 Monate lagerfähig.
Gewicht: 20 – 600 kg
Speisetipp: Bestens geeignet für Suppen, Rahmgemüse und süß-saure Chutneys.

Hokkaido (Cucurbita maxima)

Der Hokkaido-Kürbis stammt von der japanischen Insel Hokkaido und zählt zu den kleinen Varianten der Cucurbita-maxima-Gattung. Signifikant ist seine kräftige orange Farbe und seine glatte, dünne Schale. Das Fruchtfleisch hat ein nussig-kastanienartiges Aroma und eine feste Konsistenz. Seit den 1990er Jahren wird der Hokkaido-Kürbis auch in Europa angebaut und ist nahezu ganzjährig im Handel erhältlich.
Gut lagerfähig. Je nach Zubereitungsart geschält oder ungeschält genießbar.
Gewicht: 1 – 2 kg
Speisetipp: Bestens geeignet für Suppen, Aufläufe und Pürees.

Roter Zentner (Cucurbita maxima)

Bei dieser Sorte handelt es sich um eine französische Züchtung (Rouge vif d'Etampes), die auf Grund ihrer leuchtend organgefarbenen Schale ins Auge sticht. Die Kürbisse dieser rankenden, ertragreichen Pflanze sind flachrund und weisen mitunter gelbe Stellen auf. Das Fruchtfleisch ist orangegelb und mittelfest mit einem leichten Muskatgeschmack. Ein sehr empfehlenswerter Speisekürbis, der auch gut lagerfähig ist.
Gewicht: 3 – 15 kg
Speisetipp: Bestens geeignet für Suppen und Gemüsegerichte, zum Einlegen, aber auch für Desserts.

TiPP

Ebenfalls empfehlenswerte Speisekürbisse sind u.a.: Spaghetti-Kürbis, Sweet Dumpling, Olivenkürbis, Eichelkürbis, Türkischer Honigkürbis, Bulgarischer Bratkürbis.

Kürbiskernöl

Wo käme man dem Öl besser auf die Spur als in der Steiermark – konkret dem Kürbiskernöl, dem heimlichen Wahrzeichen dieser Region?! Zumal die Steiermark nicht nur ideale klimatische Bedingungen für das Gedeihen von Kürbispflanzen bietet, sondern auch jene Mutationsform des Cucurbita pepo hervorbrachte, die sich in verarbeitungstechnischer Hinsicht bestens für die Ölgewinnung eignet. Die Rede ist vom Steirischen Ölkürbis (Curcubita pepo L. var. styriaca), also jener Kürbisgattung, die im Gegensatz zu allen anderen Sorten keine harte Schale um seine Samen ausbildet, sondern lediglich dünne Häutchen, was für das Pressverfahren von großem Vorteil ist.

Doch nun der Reihe nach. Bis das „schwarze Gold" der Steiermark in die Flaschen gelangt, sind viele Arbeitsschritte zu meistern. In aller Kürze ein Überblick:
Die Kürbissamen werden Anfang Mai ausgesät. Ca. ein bis zwei Wochen danach kommen die zweiblättrigen Pflänzchen zum Vorschein. Im Juli bieten dann die gelbleuchtenden (ebenfalls essbaren) Kürbisblüten einen herrlichen Blickfang und wiederum zwei Monate später liegen die grüngelben Kürbisse auf den Feldern. Anfang Oktober werden die Kerne mit modernen Erntemaschinen aus dem Fruchtfleisch gelöst, getrocknet und in die Ölmühlen gebracht.

Hier erfolgt die erste Station im Prozess der Ölgewinnung: Das Mahlen der getrockneten Kürbiskerne mittels Mühlsteinen. Danach erwärmt der Pressmeister die Fruchtmasse in einer Wärmepfanne, bis das Wasser, das in den Saaten enthalten ist, entweicht und sich das Öl vom Eiweiß und den Faserstoffen trennt (siehe Foto links, Ölmühle Fandler). Für diesen Abschnitt des Pressvorganges ist allerhöchstes Fingerspitzengefühl vonnöten, da hiervon abhängt, ob die wertvollen Inhaltsstoffe in ihrer natürlichen Form erhalten bleiben. Der richtige Hitzegrad zeichnet auch verantwortlich für die typische Farbgebung des Öls. Nur bei idealer Tem-

peratur erhält das Kürbiskernöl seine typische dunkelgrüne Farbe samt nussiger Note. Andernfalls färbt sich das Öl braun. Anschließend wird die Kürbiskernmasse in die Presse gefüllt und der eigentliche Pressvorgang beginnt. Nach Absinken der letzten Fruchtteile wird das Öl in die Flaschen gefüllt.
Zur Information: Für 1 Liter Kürbiskernöl benötigt man ca. 3 kg Kürbiskerne.

Wohlschmeckend und gesund

Das Institut für Biochemie der Technischen Universität Graz hat in Zusammenarbeit mit dem Biochemiker und Lebensmittelgutachter Dr. Franz Siegfried Wagner in den letzten zwei Jahren erstmals eine Studie über den gesundheitlichen Wert von steirischem Kürbiskernöl durchgeführt.
Die wichtigsten Erkenntnisse auf einen Blick:

- Im Vergleich zu anderen Speiseölen schützt steirisches Kürbiskernöl verstärkt vor freien Radikalen. (Freie Radikale sind hochreaktive Stoffe, die an der Entstehung und am Verlauf von Krankheiten beteiligt sind.) Das heißt, steirisches Kernöl ist besonders reich an wirksamen Schutzstoffen (Antioxidantien), die freie Radikale unschädlich machen.
- Im steirischen Kürbiskernöl finden sich auch geringste Mengen wasserlöslicher Antioxidantien. Diese sind deutlich wirksamer als die bereits bekannten fettlöslichen Antioxidantien (zB Vitamin E), die ebenfalls in sehr hohem Ausmaß im Kernöl enthalten sind.

In der Praxis zeigt Kürbiskernöl speziell bei Problemen mit den Harnwegen, der Blase und der Prostata positive Wirkung.

Hinweis: Öle mit der Bezeichnung „Kernöl" und „Kürbiskernöl" können aus Samen diverser Kürbisarten gewonnen werden. „Steirisches Kürbiskernöl g.g.A." darf nur aus der Varietät Cucurbita pepo var. styriaca gepresst werden.

Tipp: Kürbiskernöl unbedingt lichtgeschützt und kühl lagern. Bei optimalen Lagerbedingungen ist Kürbiskernöl 9 – 12 Monate haltbar.

TiPP

Kürbiskernölflecken auf Kleidungsstücken lassen sich einfach beseitigen: Das betroffene Teil für ein paar Stunden an die Sonne hängen und die grünen Flecken verschwinden von ganz allein!

VORSPEISEN & BROT

Tatar vom Rinderfilet mit Kürbiscreme

Zutaten

Für 4 Personen

400 g Rindfleisch, schier (ohne Fett und Sehnen)
1 TL Zucker
2 Schalotten
1 Sardellenfilet, eingelegt
60 g Cornichons (kleine Essiggurkerln)
½ EL Kapern
2 Eier
1 EL Ketchup
1 TL mittelscharfer Senf
¼ Bund Petersilie, glatt
1 Msp. Paprikapulver, edelsüß

Kürbiscreme:
100 g Crème fraîche
½ TL mittelscharfer Senf
2 EL Kürbispüree (siehe Seite 11)
½ Zitrone
Chili aus der Gewürzmühle

¼ Bund Schnittlauch
4 Scheiben Toastbrot
1 EL Butterschmalz
1 Knoblauchzehe
150 g Vogerlsalat
4 EL Balsamico-Essig, weiß
6 EL Walnussöl
2 EL Walnusskerne
Pfeffer, Salz

Foto Seite 18

Schieres Rindfleisch in kleine Würfel schneiden, mit zwei bis drei Prisen Salz und Zucker mischen und zehn Minuten stehen lassen. Anschließend fein hacken.

Eier trennen. Schalotten schälen. Sardellenfilet abspülen und trocken tupfen. Beides zusammen mit den Cornichons und den Kapern fein hacken und mit zwei Eigelb unter das Fleisch mischen.

Petersilie hacken. Tatar mit einem Teelöffel Senf, Ketchup, einem Esslöffel Petersilie, Paprikapulver, Salz und Pfeffer abschmecken.
Das Toastbrot in kleine Würfel schneiden und in einer Pfanne mit einem Esslöffel Butterschmalz goldbraun rösten.

Für die Kürbiscreme: Zitrone auspressen. Crème fraîche, zwei Esslöffel Kürbispüree, ½ TL Senf, einen Esslöffel Zitronensaft, Salz, Pfeffer und Chili miteinander verrühren.

Schnittlauch in feine Röllchen schneiden. Tatar mithilfe eines Metallringes zu einem großen flachen Kreis auf dem Teller platzieren. Kürbiscreme dünn darüberstreichen (oder umkränzen) und mit Schnittlauch und Butter-Brotcroutons garnieren.

Vogerlsalat (Feldsalat) gut waschen und trocken schleudern. Essig, Öl, Salz und Pfeffer miteinander verrühren und über den Salat geben. Walnusskerne hacken und über den Salat streuen. Mit dem Tatar servieren.

Lammlungenbraten mit Kichererbsen-Kürbissalat

Den Lungenbraten salzen, pfeffern und mit Thymian kurz in Öl rundum anbraten.

Für den Salat: Kichererbsen über Nacht in Wasser einweichen, danach abseihen. Kichererbsen mit Wasser bedecken und bei mittlerer Hitze so lange kochen, bis die Kichererbsen noch leicht bissfest sind.

Knoblauch, Schalotten, Kürbis- und Karottenwürfel in Öl anschwitzen, Koriander- und Apfelminzeblätter hinzufügen und kurz durchschwenken, danach das Ganze abkühlen lassen. Paradeiser schälen, entkernen und in Sechstel schneiden und unter die Kichererbsen mengen.

Zuletzt den Salat mit Salz, Pfeffer, Öl und Zitronensaft marinieren.

Die Melanzani in 5 mm dicke Scheiben schneiden, salzen, mit Zitronensaft einreiben und in Öl beidseitig braten. Das Lammfilet kurz in Öl rosa nachbraten und schräg in Scheiben schneiden.

Den Salat auf den Melanzani anrichten, das Lammfleisch daraufsetzen und mit Pfeffer bemahlen.

Zutaten

Für 4 Personen

12 Stk. Lammlungenbraten
Salz und Pfeffer aus der Mühle
Olivenöl
1 Bund Thymian

Salat:
125 g Kichererbsen
125 g Kürbiswürfel, (ca. 8 mm x 8 mm)
3 EL Olivenöl
1 zerdrückte Knoblauchzehe
3 Schalotten
½ Karotte, feinwürfelig geschnitten
Korianderblätter
Apfelminze
4 Paradeiser (Tomaten)
Salz und Pfeffer
Etwas Olivenöl
Saft von 1 Zitrone
1 Melanzani

Kürbissorte nach Saison und Wahl

Vulcano-Datteln im Kürbiskräutertempura auf bunten Blattsalaten

Zutaten

Für 4 Personen

12 Stück Datteln, entkernt
60 g Karotten, geschält und in feine Stifte geschnitten
Butter, Zucker, Salz
Ingwer, gerieben
12 Scheiben Vulcano-Schinken

Teig:
2 Eier
2 EL Stärkemehl
2 EL Weizenmehl
1 TL Kernöl
Mineralwasser
Salz, Pfeffer aus der Mühle
1 ½ EL gehackte Kräuter (Schnittlauch, Petersilie, Majoran, Thymian, Gewürzfenchel, Oregano)
1 EL gehackte, geröstete Kürbiskerne

Blattsalate nach Saison
Blattsalat-Dressing (siehe Seite 115)

2 Scheiben Vulcano-Schinken
8 ausgelöste Walnüsse
Olivenöl

Zum Glacieren der Karotten in einer Pfanne Butter aufschäumen, etwas Zucker, Ingwer und Salz beigeben und die Karotten hinzufügen.

Danach die Datteln mit den glacierten Karotten füllen, die Vulcano-Scheiben auflegen und die Datteln damit eindrehen. Eventuell mit einem Zahnstocher fixieren und einkühlen.

Inzwischen die Teig-Zutaten vermischen und 10 Minuten rasten lassen. Die Datteln durch den Tempurateig ziehen und in einem Erdnussfett bei 165 °C herausbacken.

Den in Streifen geschnittenen Vulcano-Schinken in Olivenöl mit Walnüssen anbraten und mit den marinierten Blattsalaten gefällig anrichten.

Vitello von der Kalbsnuss auf lauwarmem Zucchini-Ziegenkäsesalat mit Lavendelpesto

Das Fleisch mit Knoblauch, Thymian, Rosmarin und Salbei, Senf, Limettensaft sowie Salz und Pfeffer marinieren, scharf anbraten und in eine feuerfeste Form geben.

Mit Wein übergießen und bei 90 °C zu einer Kerntemperatur von 62 °C garen. Danach gut 40 Min. warm in Alufolie ziehen lassen.

Mit etwas Kalbsfond, dem Tunfisch sowie Sauerrahm, Salz, Pfeffer und Knoblauch eine Tunfischsauce herstellen.

Für den Zucchini-Ziegenkäsesalat: Zucchini in Scheiben oder Würfel schneiden und in Olivenöl mit gehacktem Knoblauch braten. Mit Salz und Pfeffer würzen und mit Balsamico ablöschen. Vom Feuer nehmen und mit etwas Honig abrunden. Im leicht überkühlten Zustand den würfelig geschnittenen Ziegenkäse beigeben.

Für das Lavendelpesto: Alle Zutaten miteinander vermischen und mit dem Mixstab oder einem Rotormixer ein klassisches Pesto herstellen.

Serviervorschlag: Zucchini-Potpourri erhöht in die Mitte des Tellers geben, mit dem Vitello dekorativ umlegen. Mit etwas leichter Tunfischsauce überziehen und mit Lavendelpesto umträufeln. Evtl. mit einem Salatbukett ergänzen.

Zutaten

Für 4 – 6 Personen

600 g Kalbsnuss
1 Knoblauchzehe
Je 1 Thymian-, Rosmarin-, Salbeizweig
1 TL Dijonsenf
Saft von einer Limette
Salz, Pfeffer aus der Mühle

1/8 l Weißwein
2 EL Sauerrahm (saure Sahne)
1 EL Tunfisch aus der Dose oder 20 g frischer Tunfisch

Zucchini-Ziegenkäsesalat:
1 – 2 Zucchini
200 g Ziegenkäse
Etwas Knoblauch
Salz, Pfeffer aus der Mühle
Olivenöl
Balsamico-Essig
1 TL Honig

Lavendelpesto:
1 EL Cashewkerne
1 EL Haselnüsse
5 EL Olivenöl
1 TL frischer Lavendel
Salz, Pfeffer aus der Mühle
2 Knoblauchzehen
½ TL grüner Kren (Wasabi)

Gebackenes Kalbstafelspitzknöderl mit Kürbiskernen auf bunten Blattsalaten und Krensauce

Zutaten

Für 9 Knöderl oder 2 – 3 Portionen

170 g gekochter Kalbstafelspitz
1 Ei
70 g Magertopfen (Quark)
1 EL geröstete, gehackte Kürbiskerne
1 TL Kürbiskernöl
Salz, Pfeffer aus der Mühle
Gehackte Kräuter (Petersilie, Schnittlauch)

Zum Panieren:
3 EL Mehl
1 Ei
1 EL geschrotete Kürbiskerne
3 EL Semmelbrösel
1 l Erdnussöl zum Backen

Krensauce: (Meerrettichsauce)
2 EL Sauerrahm (saure Sahne)
1 EL Crème fraîche
1 TL Krenpaste
Salz, Pfeffer, Limettensaft

200 g gemischte Blattsalate, Birnen-Balsamico, Kernöl zum Marinieren

Den gekochten Kalbstafelspitz fein schneiden oder faschieren und mit Ei, Topfen, Kürbiskernen, Kernöl und den Gewürzen eine Masse bereiten. Kalt stellen.

Kleine Knöderl formen und mit Mehl, Ei und dem Semmelbrösel-Kürbisgemisch panieren und in Erdnussöl backen.

Inzwischen die Krensauce bereiten, indem man die Zutaten mischt und abschmeckt.

Die Salate mit Essig und Kernöl marinieren, auf einem Teller gefällig anrichten und mit den gebackenen Knöderln und Krenrahm anrichten.

TiPP

Serviervorschlag: Eventuell mit kaltem Paprika-Püree (siehe Foto) umkränzen.

Mariniertes Schweinsfiletspießchen mit Apfel-Kürbiskompott und Apfelessig-Lack

Zutaten

Für 4 Personen

400 g Schweinsfilet in Streifen geschnitten

Marinade:
4 Knoblauchzehen
3 Korianderwurzeln
1 TL Currypulver
¼ TL Kurkuma
1 ½ EL Zucker
½ TL Salz
8 EL Kokosmilch
3 TL Sojasauce
1 EL Öl
¼ TL weißer Pfeffer
¼ TL Kreuzkümmel

Apfel-Kürbiskompott:
250 g Kürbiswürfel (Atlantic Gigant)
200 g Apfel
140 g Zucker
5 Stk. Gewürznelken
5 Stk. Neugewürzkörner (Piment)
½ Zimtrinde, ganz
3 EL Barrique-Apfelessig
¼ l Wasser
¼ Zitrone
Stärkemehl für Bindung

Apfelessig-Lack:
100 g Zucker
100 g Apfelessig

Die Korianderwurzeln mit dem Knoblauch im Mörser zermahlen; die Paste mit den restlichen Marinade-Zutaten gut vermischen.

Die Fleischstücke in der Marinade wenden und 2 Stunden in den Kühlschrank stellen.
Das Fleisch zickzack auf die Spieße stecken und 3 – 4 Minuten grillen, indem man sie immer wieder mit der Marinade beträufelt.

Für das Apfel-Kürbiskompott: Kürbis schälen und in Würfel schneiden und über Nacht in Essigwasser (bedeckt) legen. Abseihen und den Sud wegschütten.

Wasser, Essig, Zucker, Zimtrinde, Gewürznelken und Neugewürz ca. 25 min. kochen lassen. Gewürze herausnehmen – da sonst braune Flecken am Kürbis entstehen. Kürbiswürfel und Zitronenscheiben solange köcheln lassen, bis sie bissfest sind. Zum Schluss die Apfelwürfel dazugeben und nochmals kochen lassen. Mit Stärkemehl ganz leicht binden. Noch heiß in gut ausgespülte Gläser abfüllen (inkl. Zitronenscheiben) und sofort verschließen.

Für den Apfelessig-Lack: 100 g Zucker mit 100 g Apfelessig auf ein Drittel einreduzieren und abkühlen lassen.

Serviervorschlag: Die gegrillten Schweinsfiletspieße auf dem lauwarmen Apfel-Kürbiskompott anrichten und streifenweise mit Apfelessiglack überziehen.

Steirische Kernöl-Eierspeis

Zutaten

Für 2 Personen

4 Stk. Bauern-Eier
1 EL flüssiges Obers (Sahne)
2 EL Kernöl
1 EL Kürbiskerne geschrotet
Salz, Pfeffer aus der Mühle

Das Kernöl in einer Pfanne langsam erwärmen, die Kürbiskerne darin leicht anrösten. Die Hälfte der Kürbiskerne herausgeben.

Inzwischen die 4 Eier aufschlagen und mit dem Obers verschlagen. In die Pfanne geben und zur Eierspeis stocken lassen. Die Eierspeis mit den Kürbiskernen bestreuen und in der Pfanne mit Kürbisbrot servieren.
Tipp: Schmeckt gut mit Salat oder Beef Tatar.

Tunfischröllchen mit Kürbis-Wasabi-Paste und Limonensauce

Zutaten

Für 4 Personen

250 g Tunfisch
½ EL Wasabi-Paste
Salz, Pfeffer aus der Mühle
Zitronensaft
2 EL Kürbispüree (siehe Seite 11)
Je 8 Petersilienblätter und Basilikumblätter
1 Blatt Strudelteig
1 Eiweiß

Sauce:
2 EL Limonensaft
2 EL Sojasauce
2 EL Zucker

Öl zum Frittieren

Fisch in 8 Streifen von 1 cm Dicke und 5 cm Länge schneiden. Aus Zitronensaft, Salz, Pfeffer (aus der Mühle), Wasabi und Kürbispüree eine Paste herstellen und die Tunfischfilets dünn damit bestreichen.

Strudelblatt in 8 Rechtecke schneiden, mit Eiweiß bestreichen, mit Kräuterblättchen und je einem Fischstück belegen. Zu Röllchen einwickeln.

Röllchen im heißen Fett ca. 1 Minute hellbraun backen, auf Küchenpapier abtropfen lassen.

Limonensaft, Sojasauce und Zucker zur Hälfte einkochen, auskühlen lassen und in kleinen Schälchen zu den Tunfisch-Röllchen servieren.

Wildkräutersalat-Pizza mit Kürbis und Räucherlachs

Zutaten

Kürbispizzateig für 4 Stück mit ca. 10 cm Durchmesser

120 g Weizenmehl
10 g Germ (Hefe)
50 g lauwarmes Wasser
12 g Kernöl
1 TL geschrotete Kürbiskerne

Ca. 100 g gemischte Wildkräuter (oder gemischte Blattsalate)
Blattsalat-Dressing (siehe Seite 115)

Für die Wasabi-Creme
3 EL Sauerrahm (saure Sahne)
1 EL Bauernjoghurt
Wasabi-Kren nach Geschmack
Salz, Pfeffer aus der Mühle
Limonensaft

Garnitur:
1 Radieschen, julienne geschnitten
20 g Gurken, julienne geschnitten
Kürbiskompott (siehe Seite 115)
200 g Räucherlachs in Streifen geschnitten

Für den Teig mit den obigen Zutaten einen Pizzateig herstellen (vgl. Seite 48) und einmal aufgehen lassen.

Danach zu einer Rolle formen und in vier gleichmäßige Stücke aufteilen.
Den Teig etwas in die Breite ziehen und die Pizza-Teigplatten (ca. 10 cm Durchmesser) mehrmals mit einer Gabel einstechen.

Ca. 15 Minuten gehen lassen und im vorgeheizten Backrohr (200 °C) backen (Dauer: ca. 4 – 5 Minuten).

Inzwischen die Wasabi-Creme bereiten indem man Sauerrahm, Joghurt, Wasabi-Kren, Salz, Pfeffer (aus der Mühle) und Limonensaft verrührt.

Die gebackenen Pizzateigplatten mit der Wasabi-Creme bestreichen, mit dem geschnittenen Räucherlachs belegen und den marinierten Wildkräutersalat (oder Blattsalat) darauf halbseitig anrichten.

Mit dem eingelegten Kürbis sowie den Radieschen- und den Gurkenstreifen vollenden.

Kürbismousse

Zutaten

Für 1 Terrine
(30 cm x 5 cm x 5 cm)

½ Zwiebel
Olivenöl
300 g Kürbis
Salz, Pfeffer aus der Mühle
1 Knoblauchzehe
Kümmel, Paprikapulver
1 Spritzer Apfelessig
Weißwein
1/8 l Gemüsefond
2 EL Magerjoghurt
2 EL Sauerrahm (saure Sahne)

120 g geschlagenes Obers (Sahne)
Gelatine-Blätter nach Bedarf

Ca. 100 g Saunaschinken

Kürbissorte nach Saison und Wahl

Zwiebel in Olivenöl etwas anschwitzen, Kürbis beigeben und mit Essig und Weißwein ablöschen. Mit Gemüsefond aufgießen und mit den Gewürzen gut durchkochen lassen und auf ein Minimum einreduzieren.

Im Mixer mit Joghurt und Sauerrahm aufmixen und anschließend die Masse durch ein Haarsieb passieren.

Danach die fertige Masse wiegen und je nach Bedarf die eingeweichte und aufgelöste Gelatine unterrühren. (Auf einen halben Liter Masse kommen 8 Blatt Gelatine).

Nun 120 g geschlagenes Obers unter diese Masse ziehen. Die Terrinenform mit Schinken auskleiden und die Masse einfüllen.

Mindestens 4 – 5 Stunden durchkühlen lassen. Danach aufschneiden und mit diversen Blattsalaten garnieren.

TIPP

Zu Kürbismousse passt auch sehr gut Spargelsalat oder Eierschwammerlsalat.

Räucherlachsroulade mit Kürbisscheiben und Kren

Den Kürbis in 3 mm dicke Scheiben schneiden und in Olivenöl mit gemahlenem Kümmel, Salz und Pfeffer in einer beschichteten Pfanne braten.

Die Kürbisscheiben auf einem Teller auflegen und mit Zitronensaft und Olivenöl marinieren. Den Frischkäse mit Kren, Salz, Pfeffer, Zitronensaft und geschlagenem Obers abschmecken. Dünn geschnittene Räucherlachsscheiben auf einer Frischhaltefolie auflegen, mit Frischkäse füllen und zusammenrollen. Die Kürbisscheiben mit den Räucherlachsröllchen auf einem Teller anrichten. Sauerrahm mit Limonensaft verrühren, mit Salz und Pfeffer würzen und die Räucherlachsröllchen damit umkränzen.

Zutaten

Für 4 Personen

200 g Kürbis
Olivenöl
Kümmel gemahlen
Zitronensaft
Salz, Pfeffer
Olivenöl
150 g Räucherlachs
100 g Kräuter-Frischkäse
2 EL geschlagenes Obers (Sahne)
Etwas geriebener Kren
2 EL Sauerrahm (saure Sahne)
Saft von einer halben Limette

Kürbiskernblinis

Die Germ in etwas lauwarmer Milch auflösen, mit 2 – 3 EL biologischem Buchweizenmehl mischen und bei Raumtemperatur 5 Minuten gehen lassen. Das restliche Mehl, die Dotter, die zerlassene Butter und den Kürbisschrot unterrühren, salzen. Die Eiweiße zu Schnee schlagen und unter den Teig heben. Danach noch das geschlagene Obers beigeben.
Nochmals ca. 10 Minuten gehen lassen.
Nun den Teig in einer beschichteten Pfanne mit einem Esslöffel zu ca. 5 cm kleinen Blinis formen und langsam in etwas Öl beidseitig backen.
Tipp: Passt gut als Beilage zu Fleischgerichten.

Zutaten

Für 10 – 12 Stk.

16 g Germ (Hefe)
¼ l Milch
210 g biologisches Buchweizenmehl
55 g Butter
Salz
3 EL geschlagenes Obers (Sahne)
4 Dotter (Eigelb)
4 Eiweiß
3 EL geschrotete, geröstete Kürbiskerne
Salz, Öl zum Backen

Kürbis-Mozzarellaröllchen auf Tomatencarpaccio

Zutaten

Für 4 Personen

4 Kürbisscheiben,
ca. 3 mm dick geschnitten
1 mittelgroße Melanzani
2 EL Zitronensaft
Salz, Pfeffer, Oregano
Mehl
250 g Mozzarella
4 EL Öl

Vinaigrette:
1 kleine rote Zwiebel
3 EL Balsamico-Essig
1 Bund Basilikum
6 EL Olivenöl
2 Paradeiser (Tomaten)
12 schwarze Oliven
1 Prise Zucker
Salz
Pfeffer

Kürbissorte nach Saison und Wahl

Melanzani waschen, trocken tupfen und die Enden wegschneiden. Melanzani in 4 je ca. 3 mm dicke Scheiben schneiden und flach auf ein Küchentuch legen. Nun die Kürbisscheiben und die Melanzanischeiben mit Salz, Pfeffer, Oregano und Zitronensaft würzen und kurz ziehen lassen.

Mozzarella trocken tupfen und in 16 ca. 3 mm dicke Scheiben schneiden. In einer großen Pfanne Öl erhitzen. Gemüse in Mehl wenden, abklopfen und nacheinander beidseitig braten, herausnehmen und auskühlen lassen.

Für die Vinaigrette die Zwiebel schälen, klein schneiden und mit Balsamico, Salz, Pfeffer, einer kleinen Prise Zucker und Basilikum verrühren. Öl unter Rühren zugießen.

Kürbis- und Melanzanischeiben auflegen, mit einer Scheibe Mozzarella belegen, salzen und pfeffern.
Gemüsescheiben eng einrollen, quer halbieren und mit Zahnstochern fixieren. Röllchen mit den Schnittflächen nach unten auf ein Backblech setzen und im Rohr bei ca. 160 °C 4 – 5 Minuten überbacken.

Die Röllchen herausnehmen, kurz überkühlen lassen und die Zahnstocher entfernen. Paradeiser in dünne Scheiben schneiden, nebeneinander auf einen Teller platzieren und mit Salz und Pfeffer würzen. Röllchen daraufsetzen, mit der Vinaigrette beträufeln und mit den Oliven garnieren.

Pikanter Kürbiskernkuchen mit Oliven und Vulcano-Schinken

Zutaten

Für 16 Stk.

2 Eier
1 EL Zucker
30 g Mehl
1 TL Kürbismehl (Kerne in Kaffeemühle gemahlen)
16 schwarze Oliven
8 dünne Vulcano-Schinkenscheiben, geteilt
Salz, Pfeffer

Eier mit Zucker, Salz, Pfeffer und Kürbismehl über Wasserbad aufschlagen. Anschließend kaltschlagen und das Mehl einrühren. Die Masse in kleine, runde beschichtete Backförmchen füllen und bei 220 °C ca. 10 Minuten backen.

Nach kurzem Überkühlen die Kuchen aus den Förmchen lösen. Die Oliven mit zusammengerollten Vulcano-Scheiben mit Hilfe von Zahnstochern oder Spießchen auf die Törtchen spießen.

Kürbiskernaufstrich

Zutaten

Für 4 Personen

150 g Bauerntopfen (Quark)
75 g gekochte, passierte Erdäpfeln (Kartoffeln)
2 EL Bauernjoghurt
2 EL Sauerrahm (saure Sahne)
½ Zwiebel, gehackt
Schnittlauch, Petersilie
½ Knoblauchzehe
1 ½ EL Kernöl
2 EL geschrotete, geröstete Kürbiskerne
Salz, Pfeffer aus der Mühle

Den Topfen mit den passierten Erdäpfeln, Sauerrahm und Joghurt glatt rühren. Danach die gehackte Zwiebel, Schnittlauch, Petersilie und den Knoblauch beigeben.

Zum Schluss das Kernöl sowie die Kürbiskerne und Salz und Pfeffer (aus der Mühle) hinzufügen.

Den fertigen Aufstrich auf ein Vollkorn- oder Kürbiskernbrot aufstreichen und garnieren.

Kürbiskernbrot

Zutaten

Für 1 Brot
(40 cm x 5 cm x 5 cm)

120 g Kürbiskerne, grob gehackt
¼ l Wasser
25 g Germ (Hefe)
220 g biologisches Weizenvollmehl
2 EL Sesam
3 EL Kürbiskernöl
Salz, Pfeffer aus der Mühle
Koriander geröstet und gestoßen im Mörser

Kürbiskerne trocken rösten und kalt stellen. Lauwarmes Wasser mit Germ, Mehl, Salz, Pfeffer, Sesam und Koriander vermischen. Kürbiskerne und Öl in die Grundmasse geben und gut verkneten. Den Teig 2 – 3 Mal gehen lassen und danach auf einer bemehlten Arbeitsfläche zu einem Wecken formen. In einer Kastenform ca. 30 Minuten gehen lassen.

Das Rohr inzwischen auf 220 °C vorheizen und das Brot ca. 10 Minuten anbacken. Danach das Brot bei abfallender Hitze (160 °C) noch einmal 15 – 20 Minuten backen.

Kürbiskernöl-Focaccia

Zutaten

Für 1 Brot

400 g glattes Mehl
200 ml Wasser
1 ½ EL Kürbiskernöl
20 g Germ (Hefe)
1 TL Salz
1 Prise Zucker
1 kleine Zwiebel
200 g geraspelter Kürbis (Pattison)
Ingwer, gerieben
5 – 8 Cocktail-Tomaten

Germ und Zucker in ca. 50 ml Wasser auflösen. Mit Mehl, Salz, restlichem Wasser und Kürbiskernöl zu einem glatten, geschmeidigen Teig verarbeiten. Teig an einem warmen Ort 30 Minuten gehen lassen; noch einmal durchkneten. Aus dem Teig einen Laib formen, mit einem feuchten Tuch abdecken und 1 Stunde rasten lassen. Backrohr auf 220 °C vorheizen.
Teig auf dem Backblech ausziehen und mit den Fingern Löcher eindrücken. Zwiebel in feine Ringe schneiden. Teig mit geraspeltem Kürbis, geriebenem Ingwer und Cocktail-Tomaten belegen und erneut gehen lassen. Focaccia ca. 20 Minuten backen.
Focaccia kann auch mit Käse, Meersalz, Kräutern oder mit anderem Gemüse belegt werden.

SUPPEN & EINLAGEN

Kürbis-Maronicremesuppe mit Schneenockerln

Zutaten

Für 4 Personen

400 g Kürbis (mit orangefarbenem Fruchtfleisch)
3 Schalotten
2 Knoblauchzehen
1 Zweig Thymian
1 EL Butter
Prise gemahlener Kümmel
Salz, Pfeffer
200 ml Weißwein
500 ml Kalbs- oder Geflügelfond (oder milde Rindsuppe)
250 g Obers (Sahne)
100 g Crème fraîche
150 g gekochte Maroni
Tabasco
Kürbiskernöl

Schneenockerln:
2 Eiweiß
10 g Kristallzucker
Prise Salz
Tabasco
1 TL Stärkemehl

Wasser (zum Kochen)
Salz
1 Zweig Thymian
1 Lorbeerblatt
2 Wacholderbeeren

Foto Seite 36

Kürbis mit der Schale in Spalten schneiden, Kerne entfernen und im Rohr bei 160 °C etwa 35 Minuten dunkel und weich braten. Mit einem Löffel das Kürbisfruchtfleisch aus der Schale kratzen und beiseite stellen.

Fein geschnittene Schalotten und Knoblauch mit Thymian in Butter anschwitzen. Maroni zugeben, kurz mitrösten und mit dem Weißwein ablöschen. Mit dem Fond auffüllen, Kürbisfleisch zugeben und ca. 15 Minuten einkochen. Würzig abschmecken, Obers und Crème fraîche zugeben, dann mixen und durch ein feines Sieb passieren.

Für die Schneenockerln: Eiweiß mit einer Prise Salz und unter ständiger Zugabe von Zucker zu festem sämigen Schnee schlagen. Stärkemehl und Tabasco beigeben. Wasser mit Salz, Thymian, Lorbeerblatt und Wacholderbeeren aufkochen. Auf 70 – 80 °C abkühlen lassen.

Mit zwei großen Löffeln Nocken abstechen und in das Wasser legen. Ziehen lassen, nach 3 Minuten wenden und nochmals ziehen lassen.

Fertige Nockerln aus dem Wasser heben und abtropfen lassen.

Suppe vor dem Servieren aufmixen, in Suppentellern anrichten und mit etwas Kernöl beträufeln. Nockerln auf die Suppe setzen.

Erdnussschaumsuppe mit pikanten Kürbisstangerln

Zwiebel und Sellerie klein schneiden und in Sesamöl mit zerdrückter Knoblauchzehe, Korianderwurzeln und den gehackten Erdnüssen ohne Farbe anschwitzen. Palmzucker, Tamarindensaft, Curry sowie die gehackte Chilischote beigeben und mit trockenem Weißwein ablöschen. Mit Gemüsefond aufgießen und gut durchkochen lassen. Die Kokosmilch hinzufügen und in einem Rotormixer mixen, danach passieren.

Suppe nochmals aufkochen und mit Salz, Pfeffer und Limonensaft abschmecken. Wenn nötig mit Stärkemehl binden.
Für das Sesamobers das aufgeschlagene Obers mit geröstetem weißen und schwarzen Sesam vermischen.

Für die pikanten Kürbisstangerln: In Brunoise geschnittene Schalotte und Kürbiswürfel in Chiliöl langsam braten und mit Mirin aufgießen. Im eigenen Saft zu einer breiigen Masse einkochen lassen, den gehackten Chili und den geriebenen Parmesan beigeben. Mit Salz und Koriander würzen.

Die Masse nun auf einen ausgerollten Blätterteig streichen und diesen in ca. 10 cm x 2 cm lange Streifen schneiden. An den Enden gegendrehen und im Backrohr bei 180 °C ca. 10 – 13 Minuten backen.
Die Erdnusssuppe in einen Teller gießen, das Sesamobers mit Chilifäden daraufgeben und mit pikanten Kürbisstangerln vollenden.

Zutaten

Für 4 Personen

2 EL Sesamöl
1 mittelgroße Zwiebel
50 g Sellerie
1 Knoblauchzehe, geschält
2 Korianderwurzeln, fein gehackt
3 EL Erdnüsse, grob gehackt und geröstet
1 EL Palmzucker
1 EL Tamarindensaft
½ TL Kurkuma oder Curry
½ Chilischote
1/16 l trockener Weißwein
¾ l Gemüsefond
¼ l Kokosmilch
Salz, Pfeffer aus der Mühle
Limonensaft

Sesamobers:
2 EL aufgeschlagenes Obers (Sahne)
1 EL schwarze und weiße geröstete Sesamkerne

Kürbisstangerln:
160 g fertiger Blätterteig
1 EL Chiliöl
1 Schalotte
150 g Kürbis
2 EL Mirin (Reiswein)
1 Chilischote
2 EL geriebener Parmesan
Salz, frischer Koriander

Klassische Kürbiscremesuppe

Zutaten

Für 2 Personen

Ca. 100 g Kürbis (Atlantic Gigant oder Hokkaido)
10 g Lauch
10 g Sellerie
½ Zwiebel
½ Knoblauchzehe
1 TL Butter
¼ TL edelsüßer Paprika
1 Messerspitze Kümmel
1 Lorbeerblatt
Salz, weißer Pfeffer
Etwas Balsamico-Essig
½ l Gemüsefond oder Rindsuppe
2 EL Schlagobers (Sahne)

2 EL geröstete Kürbisbrotwürfel
Geschrotete Kürbiskerne
Kernöl

Butter in einem Topf erhitzen, Zwiebel anschwitzen. Weißes Mirepiox (in Würfel geschnittenes Gemüse) und Kürbis beigeben und bei mittlerer Hitze ein paar Minuten dünsten. Zerdrückten Knoblauch, Lorbeerblatt, Paprikapulver, Kümmel, Salz und Pfeffer beifügen.

Mit Rindsuppe und Schlagobers aufgießen, aufkochen und ca. 15 – 20 Minuten köcheln lassen. Lorbeerblatt entfernen und Suppe im Mixer aufmixen. Wenn nötig mit Stärkemehl etwas binden.

Beim Anrichten geröstete Kürbiskernbrotwürfel sowie geschrotete geröstete Kürbiskerne daraufgeben. Eventuell mit ein paar Tropfen Kernöl verzieren.

Kalter Buttermilch-Kürbisflip mit Haselnuss-Segel und pikanten Kürbis-Chips

Für die Segel: Mehl, zerlassene Butter und Eiweiß zu einer glatten Masse verarbeiten. 1 Stunde kühl ruhen lassen. Masse dünn auf ein Backblech auftragen und mit Semmelbröseln, geraspelten Haselnüssen und Meersalz bestreuen. Im mäßig heißen Ofen (160 ° C) bei trockener Hitze backen, bis die Segel gleichmäßig goldbraun sind.

Für den Buttermilch-Kürbisflip: Buttermilch, Mineralwasser und Sauerrahm mit dem ausgekühlten Kürbispüree vermischen. Mit Salz, Zucker und Zitrone abschmecken. Die Konsistenz soll suppig und leicht trinkbar sein.

Den Flip in einem Sektglas anrichten und das Segel darübergeben und mit Kürbis-Chips umstreuen.

Für die Kürbis-Chips: Kürbis in hauchdünne Scheiben schneiden und in Olivenöl backen. Danach mit Salz und Pfeffer würzen.

TiPP

Anstelle von Kürbis-Chips kann man auch mit Rohschinken umwickelte Grissinis dazureichen.

Zutaten

Für 4 Personen

Segel:
15 g Mehl
50 g Butter
35 g Eiweiß
50 g Semmelbrösel
50 g grob gemahlene Haselnüsse
Feinstes Meersalz

Buttermilch-Kürbisflip:
Ca. 200 g Muskatkürbis, geschält, gekocht und fein püriert
300 g Buttermilch
1 EL Sauerrahm (saure Sahne)
Salz, 1 TL Zucker
Zitrone
Mineralwasser

Kürbis-Chips:
2 hauchdünne Kürbisscheiben
Salz, Pfeffer
Olivenöl zum Backen

Apfel-Kürbisschaumsuppe

Zutaten

Für 5 Portionen

25 g Butter
80 g Lauch, Zwiebel
150 g geschälter und geschnittener Muskatkürbis
1/16 l Calvados
1/8 l trockener Weißwein
0,75 l Gemüsefond
1/10 l Obers (Sahne)
2 EL Crème fraîche
1 Apfel (Golden Delicious)
Stärkemehl zum Binden

Das kleingeschnittene Mirepoix in Butter leicht sautieren, Kürbis und geschnittenen Apfel beigeben, kurz durchrühren, mit Calvados und Weißwein ablöschen und mit dem Gemüsefond auffüllen.

20 Minuten köcheln lassen, das Obers und die Crème fraîche beigeben und im Mixer pürieren und durch ein Sieb passieren.

Nochmals zum Kochen bringen, eventuell mit Stärkemehl binden und gefällig in einer Schale garnieren (siehe Foto).

Kürbis-Topfennockerln

Zutaten

Für ca. 20 kleine Nockerln

250 g Topfen (Quark)
50 g Sauerrahm (saure Sahne)
80 g Grieß
2 EL Kürbiskernmehl (mit einer Moulinette oder einer Kaffeemühle gerieben)
1 Ei
1 Eidotter (Eigelb)
Salz, Pfeffer, Muskat

Alle Zutaten zusammenrühren und ca. 2 Stunden im Kühlschrank rasten lassen. Nockerln mit zwei Löffeln abstechen und direkt in leicht siedendes Wasser einkochen und ziehen lassen.

TiPP

Diese Topfennockerlmasse kann man mit verschiedenen Aromen oder Kräutern wie zB Basilikum, Petersilie, Walnüssen oder Pistazien ergänzen und eignet sich hervorragend für Suppeneinlagen.

Pochierter Kürbisstrudel in der Rindsuppe

Zutaten

Für 12 – 15 Portionen

1 Schalotte
60 g Butter
100 g fein geschnittener Kürbis
120 g Weizengrieß
3,5 – 4 dl Gemüsefond oder Rindsuppe
2 Dotter (Eigelb)
1 EL Kernöl
1 EL Kürbisschrot
Salz, Muskat
2 EL Reibkäse (Emmentaler oder St. Patron)
2 Eiweiß

1 fertiger Strudelteig
2 EL geröstete Kürbiskerne als Einlage

Kürbissorte nach Saison und Wahl

Schalotte mit dem Kürbis in Butter anbraten, den Weizengrieß beigeben und mit der Suppe aufgießen. Langsam kochen lassen, bis die Flüssigkeit aufgenommen ist.

Überkühlen lassen und Dotter, Kernöl und Kürbisschrot hinzufügen. Zum Schluss das geschlagene Eiweiß, Salz, Muskat und den Käse untermengen.

Den Strudelteig aufbreiten und in 10 cm x 15 cm große Stücke schneiden und die Masse zu 2/3 auf der langen Seite aufstreichen. Das restliche Drittel wird mit einem Ei eingestrichen, beidseitig eingeschlagen und zusammengerollt.

Nun den Strudel in einer nicht kochenden Suppe ca. 15 – 20 Minuten leicht ziehen lassen.

Mit Schnittlauch und gehackten Kürbiskernen als Einlage anrichten.

TiPP

Dieser Kürbisstrudel lässt sich auch sehr gut einfrieren!

Kürbiskern-Käsecracker

Eiweiß mit Mehl, Kürbiskernen, Kernöl und geriebenem Käse vermischen, würzen und zu einer 3 cm dicken Rolle formen.

In Klarsichtfolie einschlagen und kurz anfrieren. Danach in 3 mm dicke Scheiben schneiden und in Erdnussöl schwimmend herausbacken.

Dieses Gericht kann als Suppeneinlage, wie auch zu Salaten oder auch für Vorspeisen verwendet werden.

Zutaten

Für ca. 15 – 20 Cracker

3 Eiweiß
100 g Mehl
100 g Parmesan oder Reibkäse
2 EL Kürbiskerne, geschrotet und geröstet
1 EL Kernöl
Salz, Pfeffer

Kürbisschöberl

Den Kürbis in feine Würfel schneiden und mit den geschroteten Kürbiskernen in Kernöl langsam braten, würzen und auskühlen lassen.

Das Eiweiß aufschlagen, dann Mehl, Dotter, Gewürze, flüssige Butter und das Kürbisgemisch sorgfältig unterheben.

Auf eine Silikonmatte (Backmatte) oder auf ein Butterpapier ca. ½ cm dick aufstreichen. Mit Reibkäse bestreuen und im Backofen bei 180 °C backen. Auskühlen lassen und rautenförmig aufschneiden.

Zutaten

Für 1 Blech (40 cm x 30 cm)

2 EL Kernöl
150 g Kürbis
3 EL Kürbiskerne geschrotet
5 Eidotter (Eigelb)
120 g griffiges Mehl
5 Eiweiß
1 EL flüssige Butter
Salz, Pfeffer, Muskatnuss
2 EL Reibkäse oder Parmesan

Kürbissorte nach Saison und Wahl

HAUPTSPEISEN VEGETARISCH

Gebackene Kürbispizza-Taschen mit Blattsalaten

Zutaten

Für 4 Personen

250 g glattes Mehl
1 TL Salz
½ TL Pizzagewürz (Oregano, Rosmarin, Basilikum, Thymian)
1 ½ EL Olivenöl
Ca. 120 ml lauwarmes Wasser
¼ Würfel Germ (Hefe)

Fülle:
175 g Kürbiswürfel
50 g Bio-Schafkäse
50 g Gouda
½ Zucchini
1 Tomate enthäutet und entkernt
1 EL flüssige Butter
1 Stange Lauch
Salz, Pfeffer
1 Knoblauchzehe

Salat:
Radicchio, Friséesalat, Rucola, Lollo Rosso usw.
6 Cocktailtomaten
1/16 l Balsamico-Essig
1/16 l Rotweinreduktion
2 EL Kürbiskernöl
Salz
50 g gehackte Kürbiskerne
2 Liter Öl zum Backen

Foto Seite 46

Für den Teig: Mehl mit Salz und Pizzagewürz vermengen. Wasser, Öl und Germ verrühren, darüber die Mehlmischung geben. Teig verkneten und etwa 1 Stunde gehen lassen.

Für die Fülle: Kürbiswürfel kurz blanchieren. Schafkäse kleinwürfelig schneiden, Gouda fein reiben. Tomate und Zucchini würfelig schneiden. Den weißen Teil der Lauchstange fein schneiden. Alle Zutaten für die Fülle vermischen, flüssige Butter dazurühren, mit Salz, Pfeffer und Knoblauch würzen.

Für die Taschen: Den Germteig fingerdick auf einem bemehlten Brett ausrollen.
Vom verbliebenen Lauchstück lange Lauchstreifen 3 – 4 mm dick schneiden und kurz blanchieren. Aus dem Teig 8 Kreise (Durchmesser: 10 cm) ausstechen. Je einen großen Esslöffel der Fülle daraufsetzen und die belegten Teigkreise zu kleinen Taschen formen.

Mit dem Lauch die Taschen zusammenbinden. Die gefüllten Taschen in reichlich heißem Öl goldgelb frittieren.

Küchenfertig geputzten Salat mit Kernöl, Balsamico und Rotweinreduktion marinieren. (Für die Rotweinreduktion 1/8 l Rotwein mit Thymian, Rosmarin, Zwiebel, Knoblauch und Lorbeer auf die Hälfte einkochen und erkalten lassen). Blattsalate auf Tellern mit den Pizza-Taschen gefällig anrichten. Zum Schluss mit den gerösteten, geschroteten Kürbiskernen bestreuen.

Gebratene Kürbisnocken auf Pastinakengratin

Das Toastbrot würfelig schneiden. Sauerrahm mit dem Ei und Parmesan verquirlen und dazugeben. Die Schalotte und den Kürbis kleinwürfelig schneiden und in etwas Butter leicht anrösten. Petersilie, Salz, Pfeffer, gemahlenen Koriander, geschrotete Kürbiskerne und Muskat hinzufügen.

Alles gut vermischen und rasten lassen. Nocken formen und auf drei Seiten gleichmäßig in Butter anbraten und im Backrohr bei 160 °C fertig garen.

Für das Gratin: Pastinake und Kartoffel in Scheiben schneiden, mit Salz, Pfeffer und Muskat würzen und im Gemüsefond mit Obers weich schmoren.
Mit Reibekäse bestreuen und im Backrohr bei starker Oberhitze (ca. 250 °C) gratinieren.

Das Gratin aus dem Ofen nehmen, die gebratenen Kürbisnocken darauf anrichten und mit etwas Kernöl beträufeln.

TiPP

Als Beilage eignet sich sehr gut ein grüner Blattsalat, aber auch Sauerkraut oder Weinkraut.

Zutaten

Für 2 Portionen à 3 Stk.

3 Scheiben Toastbrot
70 g Kürbis, klein geschnitten
½ EL Sauerrahm (saure Sahne)
1 Ei
1 EL frisch geriebener Parmesan
½ Schalotte
Petersilie, Salz, Pfeffer aus der Mühle
1 TL geschrotete Kürbiskerne
Muskatnuss
Etwas Koriander

Gratin:
1 Pastinake
1 Kartoffel
5 EL Gemüsefond
2 EL Obers (Sahne)
Salz, Pfeffer aus der Mühle
Muskat
Reibekäse zum Bestreuen

Kürbissorte nach Saison und Wahl

Steinpilzauflauf mit Kürbissauce und gebratenen Erdäpfelscheiben

Zutaten

Für 6 Dariolformen
à 150 ml

350 g Steinpilze
100 g Schalotten
1 Knoblauchzehe
2 EL Olivenöl
4 Scheiben Toastbrot
1 Bund Basilikum
3 Eier
125 g Schlagobers (Sahne)
Salz, Pfeffer

Kürbissauce:
100 g Schalotten
120 g Kürbis
½ TL Paprikapulver
1/16 l Weißwein
Cognac
¼ l Gemüsefond
1 EL Schlagobers (Sahne)
2 EL Kernöl
Salz, Pfeffer, Knoblauch

18 Stk. Erdäpfelscheiben
1 Bund Thymian

Kürbissorte nach Saison und Wahl

Dariolformen (150 ml) mit Klarsichtsfolie auslegen. Backrohr auf 160 °C erhitzen. Steinpilze putzen und in Würfel schneiden. Schalotten und Knoblauch klein schneiden und gemeinsam mit den Pilzen in Olivenöl goldgelb rösten. Toastbrot würfelig, Basilikum in Streifen schneiden und mit den Pilzen vermengen. Eier trennen. Dotter mit Obers, Salz und Pfeffer verquirlen und mit der Pilzmasse vermischen. Masse 10 Minuten ziehen lassen. Eiklar zu Schnee schlagen und unterheben.

Masse in die Förmchen füllen. In ein tiefes Backblech stellen und so viel heißes Wasser zugießen, dass die Förmchen zweifingerhoch im Wasserbad stehen. Aufläufe ca. 35 – 40 Minuten im Rohr backen.

Für die Sauce: Schalotten und Kürbis klein würfelig schneiden und in etwas Butter andünsten. Paprikapulver beigeben und mit Weißwein und Cognac ablöschen. Mit Gemüsefond aufgießen und langsam weich kochen. Mit Salz, Pfeffer und angedrückter Knoblauchzehe würzen. Obers beigeben und Sauce mit einem Stabmixer pürieren. Nochmals erhitzen und wenn nötig mit etwas Stärkemehl binden.

Aufläufe aus den Förmchen stürzen. Die Sauce vor dem Servieren nochmals kurz zu einem Schaum mixen und zusammen mit den gebratenen Erdäpfelscheiben mit Thymian gefällig anrichten. Mit Kernöltropfen umkränzen.

Ricotta-Kürbisgnocchi auf Paprika-Zucchini-Gemüse

Den Kürbis schälen und reiben, mit geschnitten Schalotten andünsten und mit Salz und Pfeffer würzen.

Ricotta mit einem Tuch gut auspressen, danach mit dem Kürbis und den restlichen Zutaten vermischen. Mit Salz, Pfeffer und Knoblauch nochmals abschmecken. Danach ca. 15 Minuten rasten lassen.

Auf einem bemehlten Brett 1,5 cm dicke Rollen formen und diese dann in 1,5 cm lange Stücke schneiden. Mit einer Gabel auf der Oberseite kurz andrücken und in kochendes Salzwasser einkochen. Ideal ist es, wenn man diese in einem Dampfgarer garen kann.

Danach Gnocchi abseihen und in einer beschichteten Pfanne mit etwas Rosmarin leicht anbraten.

In der Zwischenzeit in einer zweiten Pfanne das Zucchini-Paprika-Gemüse knackig braten und mit den Gnocchi auf einem Teller anrichten. Mit Parmesan bestreuen und mit brauner Butter übergießen.

Tipp

Ricotta-Kürbisgnocchi lassen sich auch sehr gut mit Rahmblattspinat oder mit geschmorten Cherry-Tomaten kombinieren.

Zutaten

Für 4 Personen

1 kg Muskatkürbis
50 g Schalotten
100 g Parmesan
150 g griffiges Mehl
250 g Ricotta
2 Eier
Salz, Pfeffer und Muskat
Frischer Rosmarin
Knoblauch
250 g Zucchiniwürfel
120 g bunte Paprikawürfel
Parmesan zum Bestreuen
2 EL Butter

Überbackene Kürbisrösti mit Pilzen und Paradeisern

Zutaten

Für 6 Personen

3 große Erdäpfel (Kartoffeln)
1 Thymianzweig
100 g geraspelter Kürbis
Salz, Pfeffer aus der Mühle

125 g Obers (Sahne)
200 g Kürbis in Würfel geschnitten
1 Schalotte
Salz und Pfeffer
Muskat, Kümmel
1 Lage fertiger Blätterteig
1 Ei

200 g gemischte Pilze
1 Schalotte
1 EL gehackte Petersilie
Olivenöl
Zitronensaft
12 Stück Kirschparadeiser (Cherry-Tomaten)
Salz, Pfeffer

Kürbissorte nach Saison und Wahl

Die Erdäpfel kochen, schälen und mit einer Reibe in grobe Streifen raspeln. Mit gezupftem Thymian, geraspeltem Kürbis sowie mit Salz und Pfeffer vermischen. Zu kleinen Rösti formen. In einer Pfanne wenig Öl erhitzen, Rösti darin beidseitig knusprig braten.

Inzwischen die Schalotte mit den Kürbiswürfeln anschwitzen und mit Obers zu einer cremigen Konsistenz kochen. Mit Salz, Pfeffer, Muskat und Kümmel würzen.

Kürbis auf die Rösti gleichmäßig verteilen, mit dem auf 2 mm ausgerollten Blätterteig belegen, mit Ei bestreichen und im Rohr bei 180 °C ca. 8 – 10 Minuten backen.
Die Kirschparadeiser vierteln, salzen und pfeffern und mit Olivenöl beträufeln. Kirschparadeiser im Rohr bei 80 °C etwa 30 Minuten antrocknen lassen.

Die Pilze waschen, schneiden und in etwas Olivenöl anrösten. Die geschälte und gehackte Schalotte beigeben, kurz mitschwitzen, mit Salz, Pfeffer, Petersilie und Zitronensaft abschmecken. Die angetrockneten Tomaten unter die Pilze mischen und mit den überbackenen Kürbisrösti servieren. Zusätzlich kann eine leichte Knoblauchrahmsauce oder eine Kräutersauce dazu serviert werden.

TiPP

Eventuell mit mariniertem Rucola oder Vogerlsalat anrichten.

Kürbisstrudel

Zutaten

Für 2 Personen

250 g Kürbis (Atlantic Gigant oder Hokkaido)
1 TL Kürbiskerne
15 g Zwiebel
80 g Topfen (Quark)
1 Eigelb
1 Eiweiß
80 g Sauerrahm (saure Sahne)
30 g Mehl
Salz, Pfeffer, Petersilie, Kümmel, Paprika
1 Knoblauch, gehackt
Strudelteig, Butter

Den geschabten Kürbis mit Zwiebel anbraten und durch ein Sieb geben. Abkühlen lassen. Topfen und Eigelb schaumig rühren und Sauerrahm hinzufügen. Den Kürbis beigeben und mit Salz, Pfeffer, Petersilie, Kümmel und Paprika und gehacktem Knoblauch würzen. Zuerst nur 1/3 Eischnee dazugeben – danach das Mehl und den restlichen Schnee.

Diese Masse auf ein gebuttertes Strudelteigblatt geben, einrollen und im Rohr bei 180 °C backen.

TIPP

Kann mit kalter Joghurt-Kräutersauce und Salat serviert werden.

Kürbis-Bierkäselaibchen

Zutaten

Für 4 Personen

25 g Zwiebeln
25 g Zucchini
130 g Kürbis
Schnittlauch, Petersilie
125 g geriebener Bierkäse
60 g biolog. Haferflocken
1 Ei
Salz, Pfeffer aus der Mühle
Muskat

Zum Panieren:
50 g Mehl
1 Ei
150 g Semmelbrösel
Erdnussöl

Kürbis in kleine Würfel schneiden und anbraten. Zucchini und Zwiebeln ebenfalls in kleine Würfel schneiden und kurz blanchieren. Gut ausdrücken und mit dem gebratenen Kürbis und den restlichen Zutaten zu einer kompakten Masse vermischen. Ca. 15 Minuten rasten lassen und zu 8 gleichmäßigen Laibchen formen.
In Mehl, Ei und Bröseln panieren und in Erdnussöl backen.

TIPP

Mit Schnittlauchsauce und Salat oder mit karamellisierter Topinambur servieren.

Kürbisrösti mit Spiegelei und mariniertem Rucola

Die Erdäpfel in der Schale halbfest kochen und auskühlen lassen. Danach schälen und mit einer Rösti-Raspel reiben.

Inzwischen den Kürbis raspeln und in Nussöl mit den geschnittenen Zwiebeln anrösten. Die abgerebelten, gehackten Gewürze kurz mitrösten und den Erdäpfeln beigeben. Das Ei hinzufügen und mit Salz, Pfeffer und Knoblauch würzen.

Ca. 15 Minuten im Kühlschrank rasten lassen und in einer beschichteten Pfanne kleine Rösti formen und beidseitig ca. 5 – 8 Minuten bei geringer Hitze braten.

Auf einen Teller geben und mit dem Spiegelei und dem marinierten Rucola gefällig anrichten.

TiPP

Als Beilage eignet sich Kräuter-Bauernjoghurt oder eine leichte Knoblauchsauce.

Zutaten

Für 2 Personen

300 g in der Schale halbgekochte Erdäpfel
200 g Kürbis
½ Zwiebel
1 EL Nussöl
1 Ei
1 Knoblauchzehe
Salz, Pfeffer (aus der Mühle)
Je 1 Zweig Thymian, Rosmarin, Majoran

2 Eier (für Spiegeleier)

1 Bund Rucola

Blattsalatdressing (siehe Seite 115)

Kürbissorte nach Saison und Wahl

Erdäpfel-Kürbisgnocchi

Zutaten

Für 4 Personen

200 g Muskatkürbis
1 EL Butter
200 g mehlige Erdäpfel (Kartoffeln)
200 g Mehl
1 Eidotter (Eigelb)
Salz, Pfeffer
1 Bund Thymian
1 Knoblauchzehe

Blattspinat:
½ EL Butter
250 g frischer Blattspinat
1 Schalotte
Salz, Pfeffer aus der Mühle
Muskatnuss

Geröstete Kürbiskerne
Parmesan
Kernöl

Kartoffeln weich kochen und schälen, noch warm durch eine Presse drücken. Kürbis schälen und grob raspeln. In einer Pfanne 1 EL Butter erhitzen. Kürbis ca. 3 Minuten lang anschwitzen, mit Salz und Pfeffer würzen. Kürbis auf einem Sieb abtropfen lassen. Mit Mehl, Eidotter und passierten Kartoffeln zu einem Teig verarbeiten, ca. 15 Minuten rasten lassen.

Kürbisnockerlteig zu etwa 2 cm dicken Rollen formen. Falls der Teig zu feucht ist, etwas mehr Mehl dazumischen. Von den Rollen etwa 1 cm lange Stücke abschneiden und diese mit einer Gabel oder einem gerillten Holz etwas flachdrücken. Reichlich Wasser in einem geräumigen Topf zum Kochen bringen und salzen. Kürbisgnocchi einlegen und so lange kochen, bis sie wieder an die Wasseroberfläche steigen. Durch ein Sieb abseihen.

In einer großen flachen Pfanne 2 EL Butter zergehen lassen und die abgerebelten Thymianblätter mit einer zerdrückten Knoblauchzehe ca. 1 Minute lang in der Butter ziehen lassen. Kürbisgnocchi in die Pfanne geben und kurz durchschwenken.

Für den Blattspinat: Butter zergehen lassen, die fein geschnittene Schalotte anlaufen lassen und den gewaschenen, gezupften Blattspinat beigeben. Beim Durchschwenken fällt dieser sofort zusammen. Mit Salz, Pfeffer und Muskat würzen. Den Blattspinat auf einem Pastateller anrichten und die Kürbisgnocchi mit geriebenem Parmesan und gerösteten Kürbiskernen bestreuen. Eventuell mit Kürbiskernöl beträufeln.

Gebackene Kasknödel auf Rahmgemüse

Zutaten

Für 4 Personen

500 g mehlige Kartoffeln
3 Eidotter (Eigelb)
1 Ei
250 g würzige Käsereste
1 EL Maisstärkemehl
Salz, Pfeffer
Muskatnuss
Schnittlauch

Mehl, Ei,
Brösel zum Panieren
Öl zum Backen

Rahmkürbis:
400 g Kürbis (Langer von Neapel oder Hokkaido)
1 EL Olivenöl
15 g Zwiebeln
1 Knoblauchzehe
1/8 l kräftige Rindsuppe
½ TL edelsüßer Paprika
Gemahlener Kümmel,
Lorbeerblatt
Salz, frischer Pfeffer
2 EL Sauerrahm (saure Sahne)
Stärkemehl
2 – 3 EL geschlagenes Obers (Sahne)

Zum Servieren:
Braune Butter, Schnittlauch
Geriebener Parmesan

Die Kartoffeln mit der Schale kochen, schälen und im Rohr bei ca. 150 °C ausdämpfen. Durch eine Kartoffelpresse drücken und etwas auskühlen lassen. Dotter, Ei und den geriebenen Käse beigeben und zusammen mit dem Maisstärkemehl zu einer glatten Masse verarbeiten.

Frisch geschnittenen Schnittlauch, Salz, Pfeffer und Muskatnuss dazugeben und kleine Knödel formen. Knödel in Mehl, Ei, Brösel panieren und in Öl goldbraun backen.

Kürbis schälen und mit einem Reibeisen fein raspeln oder in feine Würfel schneiden. Zwiebel und Knoblauch in Öl anziehen lassen, Kürbis, Lorbeer, Paprikapulver, Salz, Pfeffer und Kümmel dazugeben und mit der Rindsuppe aufgießen. Das Ganze ca. 5 – 8 Minuten schmoren lassen.

Zum Schluss den mit Stärkemehl glatt gerührten Sauerrahm unter das Gemüse rühren.
Das geschlagene Obers darunter heben und in einem tiefen Teller anrichten.

Die gebackenen Kasknödel auf dem Kürbisgemüse anrichten und mit geriebenem Parmesan bestreuen, mit brauner Butter übergießen und mit frischem Schnittlauch vollenden.

Gefüllte Kürbis-Erdäpfel auf Cremespinat

Erdäpfel in der Schale weich kochen, schälen und der Länge nach halbieren. Alle Erdäpfelhälften mit einem Kugelausstecher aushöhlen.

Für die Fülle: Kürbis feinwürfelig schneiden. Fein geschnittene Schalotte in Butter mit dem Kürbis langsam weich braten und mit dem Frischkäse vermengen. Masse mit Salz, Cajennepfeffer, Paprika und evtl. mit Chili würzen und die Erdäpfelhälften damit füllen. Die Hälften zusammendrücken und salzen. Die gefüllten Erdäpfel mit Mehl, Eiern und Bröseln panieren.

Für den Cremespinat: Schalotte und Knoblauch feinwürfelig schneiden, Spinat grob hacken. Butter in einer Kasserolle hellbraun erhitzen, Schalotte kurz anschwitzen, dann Spinat und Knoblauch zugeben. Mit Salz, Muskatnuss und Pfeffer würzen. Spinat solange dünsten, bis alle Flüssigkeit verkocht ist. Obers und Crème fraîche beigeben, aufkochen lassen und den Spinat mit einem Mixstab pürieren.

Kartoffeln in reichlich Butterschmalz in einer Sauteuse bei 170 °C knusprig backen und auf dem Cremespinat anrichten.

Zutaten

Für 4 Personen

8 Stück Erdäpfel (Kartoffeln)
2 Eier
50 g griffiges Mehl
50 g Brösel
Salz

Fülle:
1 Schalotte
160 g Kürbiswürfel
40 g biolog. Frischkäse
1 Knoblauchzehe
Salz, Cajennepfeffer
Paprika (edelsüß)
evtl. Chili
Butterschmalz zum Backen

Cremespinat:
300 g Spinat
1 Schalotte
1 Knoblauchzehe
2 EL Crème fraîche
125 g Obers (Sahne)
40 g Butter
Salz, Pfeffer, Muskatnuss

Kürbissorte nach Saison und Wahl

Kürbistarte mit geschmorten Pastinaken und Wildkräutersalat

Zutaten

Für 4 Personen
4 Tarte-Formen à 12 cm Durchmesser

200 g Mehl
100 g Butter
Lauwarmes Wasser
Salz

Kürbis-Lauchfülle:
½ Zwiebel
Ingwer
160 g Kürbiswürfel
40 g Lauch
Salz, Pfeffer aus der Mühle
½ TL Currypulver

Royal:
1 Ei
50 ml Milch oder Obers (Sahne) verquirlen und abschmecken
Asmonte-Käse (würziger Hartkäse) oder Parmesan
Geschrotete Kürbiskerne (zum Bestreuen)
100 g marinierter Wildkräutersalat

Geschmorte Pastinaken:
200 g Pastinaken oder Petersilienwurzeln
Heller Kalbsfond
20 g Butter
1 Zweig Thymian
Salz

Mehl, Prise Salz und Butter miteinander verkneten, bis ein fein geriebener Teig entsteht. Danach lauwarmes Wasser beigeben, bis ein geschmeidiger Teig entsteht. Eine halbe Stunde rasten lassen.

Inzwischen die Fülle bereiten, indem man die Zwiebel mit gehacktem Ingwer kurz anschwitzt, den Kürbis beigibt und langsam mit dem Curry im eigenen Saft weich schmort. Den in Streifen geschnittenen Lauch beigeben, abschmecken und nochmals kurz durchschwenken.

Nun den Teig mit einer Nudelmaschine oder einem Nudelwalker auswalken und in die Tarte-Formen hineindrücken.
Die Kürbis-Lauchfülle hineingeben und das Ei-Sahnegemisch (Royal) darübergießen. Mit Kürbiskernen und Hartkäse bestreuen und im Backrohr bei 180 °C knusprig backen.
Auf den geschmorten Pastinaken anrichten und mit Wildkräutersalat oder Vogerlsalat vollenden.

Für die geschmorten Pastinaken: Die Pastinaken schälen und in dünne lange Streifen schneiden. Mit Butter, Salz, Thymian und etwas Kalbsfond oder Wasser zugedeckt (bei geringer Hitze) weich schmoren und mit kalter Butter montieren oder mit Stärkemehl eine leichte Bindung herstellen.

Erdäpfelblattln mit steirischem Kürbisgemüse

Zutaten

Für 4 Personen

600 g Erdäpfel (Kartoffeln)
200 g Buchweizen
2 Eidotter (Eigelb)
2 EL zerlassene Butter
1 TL Anis
Salz

Kürbisgemüse:
250 g Kürbis (Langer von Neapel oder Hokkaido)
15 g Zwiebeln
½ Knoblauchzehe
¼ roter Paprika
1 EL Olivenöl
1 TL Sauerrahm (saure Sahne)
½ TL edelsüßer Paprika
Stärkemehl
Gemahlener Kümmel, Lorbeerblatt
Salz, frischer Pfeffer
1/16 l kräftige Rindsuppe

Die Erdäpfel schälen, in Würfel schneiden und in Salzwasser kochen, abseihen und etwas ausdampfen lassen. Die Erdäpfel passieren, mit Eidotter und Butter vermischen und erkalten lassen. Mehl, Anis, Salz und die Erdäpfelmasse kneten, den Teig rasch ausrollen (2 – 3 mm) und mit einem Teigroller kleine Rechtecke schneiden (4 cm x 6 cm) oder rund ausstechen.

Dann im heißen Fett schwimmend 2 Minuten backen.

Für das Kürbisgemüse: Kürbis schälen und mit einem Reibeisen fein raspeln oder in feine Würfel schneiden.
Zwiebel und Knoblauch in Öl anziehen lassen, Kürbis, Lorbeer, Paprikapulver und Kümmel dazugeben und mit der Rindsuppe aufgießen. Danach den in Würfel geschnittenen Paprika daruntergeben und das Ganze ca. 5 – 8 Minuten schmoren lassen.

Zum Schluss den mit Stärkemehl glatt gerührten Sauerrahm unter das Gemüse rühren.
Das Kürbisgemüse lasagneartig abwechselnd mit den Erdäpfelblattln übereinander anrichten.

TiPP

Dazu passt sehr gut eine kalte Joghurt-Knoblauch-Sauce.

Gebackener Kürbis mit Rucola-Mousseline

Den Kürbis mit Salz, Pfeffer, Orangenabrieb und Limettensaft würzen und zum Marinieren etwas stehen lassen.

Mit Mehl, Ei und einem Gemisch aus Brösel und Sesam panieren und in Erdnussöl backen.

Die Kartoffeln kochen, passieren und mit Milch und den Gewürzen zu einem sämigen Püree verarbeiten. Nun den geschnittenen Rucola beigeben und zum Schluss etwas geschlagenes Obers unterziehen und auf einem Teller mit dem gebackenen Kürbis gefällig anrichten.

TiPP

Eventuell mit mariniertem Rucola garnieren.

Zutaten

Für 4 Personen

4 Kürbisscheiben
à ca. 5 – 6 mm
1 Limette
1 Orange
Biologisches Ursalz

1 EL Weizenmehl
1 Ei
Je 1 TL schwarzer und weißer Sesam
3 EL Semmelbrösel
Erdnussöl zum Backen

150 g Kartoffeln
1 Bund Rucola
Milch nach Bedarf
1/16 l geschlagenes Obers (Sahne)
Salz, Pfeffer aus der Mühle
Muskatnuss

Kürbissorte nach Saison und Wahl

HAUPTSPEISEN

Knuspriges Steirerei mit pochiertem Milchkalbsfilet

Zutaten

Für 4 Personen

Knuspriges Steirerei:
4 Eier
150 g Rucola
1 EL Mehl
1 Ei
2 EL Kürbiskerne, geschrotet
1 EL Weißbrotbrösel

Kalbsfilet:
500 g Kalbsfilet
50 g fein gehackte Kräuter (Petersilie, Schnittlauch, Kerbel, Majoran, Oregano)
1 EL Senf, Salz, Pfeffer
4 EL Olivenöl, Kalbsfond

Morchelsauce:
200 g Maimorcheln
2 Schalotten
50 ml Weißwein
50 ml Weinbrand
200 ml Kalbsfond
100 g Obers (Sahne)
1 EL geschlagenes Obers
Salz, Pfeffer aus der Mühle
Thymian, Rosmarin

Spargelgröstl:
1 EL Olivenöl
8 Stk. Stangenspargel
320 g heurige Kartoffeln
1 Schalotte
Salz, Pfeffer aus der Mühle
1 zerdrückte Knoblauchzehe
Thymian, Rosmarin

Foto Seite 64

Die Eier 5 Minuten kochen, kalt abschrecken und vorsichtig schälen. Nun die Eier mit Mehl, Ei und dem Gemisch aus Bröseln und Kürbiskernschrot panieren.

Das Kalbsfilet rundum kräftig mit Salz und Pfeffer würzen und mit etwas Senf einreiben. Dann in den gehackten Kräutern wälzen, sodass diese das Fleisch gleichmäßig ummanteln. Das Filet zuerst in Klarsichtfolie und dann straff in Alufolie wickeln. Eingepacktes Filet in einen Topf mit siedendem Kalbsfond (etwa 85 °C) geben und darin ca. 15 – 20 Minuten garen. Danach aus dem Topf nehmen und ca. 5 Minuten ruhen lassen.

Für die Morchelsauce: Schalotten fein würfelig schneiden und in Olivenöl anschwitzen. Die gewaschenen und geputzten Morcheln beigeben und mitdünsten. Mit Weißwein und Weinbrand ablöschen und mit Kalbsfond und Obers auffüllen. Sauce etwas einkochen lassen. Mit Thymian, Rosmarin, Salz und Pfeffer abschmecken. Vor dem Anrichten das geschlagene Obers unterheben.

Für das Gröstl: Die gekochten Kartoffel in ca. 3 mm dicke Scheiben schneiden und in Olivenöl anbraten. Den gekochten Spargel in Stücke schneiden und mit der Schalotte hinzufügen. Mit Salz, Pfeffer, Knoblauch und den gehackten Kräutern abschmecken.
Nun die Eier in Erdnussöl backen. Dies sollte schnell gehen, zumal die Eier innen weich bleiben sollten. Ebenso den Rucola kurz frittieren. (Achtung: Spritzgefahr!)
Kalbsfilet aus der Folie wickeln, in etwa 4 cm breite Scheiben schneiden. Den Rucola mit dem Ei sowie das Gröstl mit dem Kalbsfilet und den Morcheln gefällig anrichten.

Mit Lardo und Blattspinat gefüllter Milchkalbsrücken auf gebratenem Tomatenkürbis

Zuerst den Milchkalbsrücken der Länge nach zwei Mal einschneiden. Danach mit Lardo-Speck und rohem Blattspinat füllen. Fleisch mit einem Küchengarn zusammenbinden. Mit Salz und Pfeffer würzen und auf beiden Seiten in Olivenöl anbraten.

Im vorgeheizten Rohr ca. 10 Minuten bei 180 °C garen, dabei gelegentlich wenden. Das Fleisch aus dem Rohr nehmen und warm stellen. Die Pfanne mit dem Kalbsfond ablöschen und ein wenig einkochen lassen. Den Bratensatz vom Pfannenboden lösen und durch ein feines Sieb passieren.

Tomaten vierteln. Den Radicchio Trevisiano waschen und in einzelne Blätter teilen.

Geviertelte Tomaten mit Olivenöl und Basilikumblättern auf einem Backblech bei 80 °C für ca. 20 Minuten ins Rohr geben.

Kürbis in längliche Stücke schneiden und in Olivenöl mit dem gehackten Ingwer braten. Tomaten beigeben, mit Salz, Pfeffer und Zitronensaft würzen. Radiccio noch kurz unterschwenken und auf Tellern anrichten.

Den Kalbsrücken aufschneiden, mit der Sauce und dem Gemüse servieren.

Zutaten

Für 4 Personen

1 kg Milchkalbsrücken
100 g Lardo-Speck, dünn geschnitten
150 – 200 g Blattspinat
500 ml brauner Kalbsfond
(siehe Seite 75)

200 g Kürbis
Ingwer
10 Kirschtomaten
8 – 10 frische Basilikumblätter
Olivenöl
1 Kopf Radicchio Trevisiano
Basilikum
Salz, Pfeffer
Etwas Zitronensaft

Kürbissorte nach Saison und Wahl

Hokkaido mit Milchkalb und Rucola

Zutaten

Für 4 Personen

4 Stk. Kalbsnüsschen-medaillons à 60 g
4 Stk. dünne Hokkaido-Scheiben
4 Stk. Apfelscheiben (Golden Delicious)
2 EL Olivenöl
1 Bund Rucola ca. 50 g
1 Bund Rosmarin
4 dünne Scheiben Rohschinken (zB Vulcano-Schinken)
60 g Kürbiskernkäse (ersatzweise Brie mit geschroteten Kürbiskernen)
3 EL Akazienhonig
1/16 l Rotwein
1/8 l Rindsuppe
Etwas Butter
Olivenöl

Risotto:

120 g Rundkornreis (Vialone)
½ EL Butter
½ Schalotte
¼ l Gemüsefond
1 EL Parmesan
1/16 l Weißwein
Salz, Pfeffer aus der Mühle

Die Kalbsmedaillons mit Salz und Pfeffer (aus der Mühle) würzen sowie mit Rosmarin spicken.
Den in Scheiben geschnittenen Kürbis einsalzen und ziehen lassen, bis er elastisch ist. Mit den Apfelscheiben belegen, zusammenrollen und mit dem hauchdünn geschnittenen Rohschinken umwickeln.

In einer großen Pfanne die Medaillons mit Olivenöl anbraten. Den Kürbiskernkäse in Stücke schneiden und die Medaillons damit belegen und mit etwas Akazienhonig beträufeln. Einen Rosmarinzweig beigeben. Danach in das vorgeheizte Rohr (ca. 180 – 200 °C) geben und ca. 5 Minuten braten. Herausnehmen und etwas rasten lassen.
Den Bratensaft mit Rotwein ablöschen und mit Suppe aufgießen und etwas reduzieren. Die Sauce passieren und mit kalter Butter montieren.
Die Kürbis-Apfel-Rohschinkenröllchen ebenfalls in Olivenöl rundum langsam knusprig braten.

Inzwischen den Rucola waschen und in heißem Fett kurz frittieren. (Achtung: Spritzgefahr!)
Das gespickte Kalbsmedaillon und den Kürbis auf Risotto anrichten. Den knusprigen Rucola daraufgeben und mit dem Rosmarinsaft umkränzen.

Für das Risotto: Schalotte in Butter anschwitzen, Reis beigeben, mit Weißwein ablöschen, salzen und pfeffern. Gemüsefond nach und nach unter ständigem Rühren dazugießen. Zum Schluss (nach ca. 20 Minuten) mit Parmesan zu einer cremigen Konsistenz vollenden.

Gedünstetes Rindsschulter-scherzl auf Kürbispüree

Zutaten

Für 4 – 6 Personen

1 Rindsschulterscherzel
ca. 800 g – 1000 g
½ Zwiebel
2 Knoblauchzehen
Je 40 g Karotten, Sellerie-würfel
1 EL Tomatenmark
20 g Weißes vom Lauch
2 EL glattes Mehl
¼ l Rotwein
½ l – 3/4 l Rindsuppe
1 Zweig Thymian
1 Zweig Rosmarin
2 Lorbeerblätter
Wacholderbeeren
Pfefferkörner
2 EL Olivenöl
100 g Butter

Kürbispüree:
500 g Muskatkürbis
250 g mehlige Kartoffeln
1 Knoblauchzehe
1 Sternanis, Zimtstange
½ Zwiebel
10 g Butter
Salz, Pfeffer und Muskat
1 – 2 EL geschlagenes Obers (Sahne)

Erdfrüchte:
1 Karotte, 1 Pastinake
1 Süßkartoffel, 1 gelbe Rübe
1 Knoblauchzehe, Kräuter
Olivenöl

Das Schulterscherzel kräftig mit Salz und Pfeffer würzen, in Mehl wenden und in Olivenöl rundherum scharf anbraten. Die nussgroß geschnittene Zwiebel und das Wurzelgemüse mit den zerdrückten Knoblauchzehen beigeben und anrösten. Tomatenmark hinzufügen und mit Rotwein ablöschen und reduzieren. Diesen Vorgang drei bis vier Mal wiederholen, damit die Sauce eine schöne dunkle Farbe bekommt.

Danach den Lauch beigeben und – damit er nicht verbrennt – mit Rindsuppe aufgießen. Die Gewürze dazugeben und am Herd langsam dünsten lassen (simmern), bis das Fleisch weich ist (ca. 90 Minuten; die Kerntemperatur vom Fleisch sollte 87 ° – 90 °C haben). Fleisch aus dem Topf geben, warm stellen und die Sauce durch ein Haarsieb passieren. Saft auf sämige Konsistenz bringen. Mit Salz und Pfeffer abschmecken und mit etwas kalter Butter montieren.

Für das Kürbispüree: Den geschnittenen Kürbis mit der halben grob geschnittenen Zwiebel und mit den angegebenen Gewürzen in eine Folie geben und im Backofen bei 150 °C ca. 50 – 60 Minuten schmoren. Danach auspacken, Sternanis und Zimtstange entfernen und den Kürbis mit einem Mixer zu einem cremigen Püree mixen. Die gekochten, gepressten Kartoffeln daruntermengen und abschmecken. Zum Schluss das geschlagene Obers unterheben.

Für die Erdfrüchte: Pastinake, gelbe Rübe, Karotte und Süßkartoffel schälen und in gefällige Stücke schneiden.

Kurz blanchieren und in Olivenöl mit zerdrückter Knoblauchzehe und Kräutern braten.
Das Kürbispüree in die Mitte des Tellers platzieren und eine Tranche vom Rindsschulterscherzel darauflegen. Die Erdfrüchte gefällig anrichten sowie mit der Sauce das Fleisch überziehen.

Mit Schafkäse und Kürbis gefülltes Kalbsrückensteak

In die Kalbsrückensteaks eine Lasche einschneiden. Den in Scheiben geschnittenen Kürbis auflegen, salzen und stehen lassen, damit er elastisch wird. Nun den biologischen Schafkäse mit dem Kürbisschrot mischen.

Diese Masse nun auf die Kürbisscheiben streichen und in die Kalbsrückensteaks füllen. Mit dem Vulcano-Schinken umwickeln. Mit Salz, Pfeffer, fein gehacktem Rosmarin und Thymian würzen und die Steaks in Olivenöl mit einer angedrückten Knoblauchzehe in einer beschichteten Pfanne anbraten.

Die Stängel vom Thymian und Rosmarin beigeben und im Backrohr bei 180 °C ca. 7 Minuten auf den Punkt braten. Die Kalbssteaks warm stellen und den Bratensatz mit altem Balsamico ablöschen sowie mit Rotwein und Sojasauce aufgießen. Einreduzieren und eventuell mit kalten Butterflocken oder mit Stärkemehl leicht binden.

TiPP

Als Beilage eignet sich ein Erdäpfelgratin.

Zutaten

Für 4 Personen

Kalbskotelette:
4 Stk. zu je 130 g (Kalbsrücken)
60 g biolog. Schafkäse, mit Reibeisen gerieben
80 g Kürbis, in Scheiben geschnitten
1 EL Kürbiskerne, geröstet und geschrotet
4 Scheiben Vulcano-Schinken
Salz, Pfeffer aus der Mühle
Thymian
Rosmarin, fein gehackt
1 Knoblauchzehe, zerdrückt
Olivenöl zum Braten

Sauce:
2 EL Balsamico-Essig
1/8 l Rotwein
1/32 l Sojasauce
Stärkemehl zum Binden
Evtl. Butter zum Montieren

Kürbissorte nach Saison und Wahl

Rinderfilet in der Kürbiskern-kruste auf Zweigeltsauce und Erdäpfel-Kürbisbuchteln

Zutaten

Für 2 Personen

2 Stk. Rinderfilet (je 150 g) vom Almo (Rinder aus den Weizer Almgebieten)
Salz, Pfeffer und Petersilie
1/8 l brauner Fond (siehe Seite 75)
1/8 l Zweigelt

Erdäpfel-Kürbisbuchteln:
75 g gekochte und passierte mehlige Erdäpfel
75 g Mehl
6 g Germ (Hefe)
10 g flüssige Butter
1/32 l Milch
1 Ei
Salz, Pfeffer, Muskatnuss
20 g Zwiebeln, gehackt
30 g Kürbis, in feine Würfel geschnitten
Knoblauch, Thymian

Kürbiskruste:
Ca. 25 – 30 Portionen

200 g Butter
3 Dotter (Eigelb)
200 g Kürbiskerne, geröstet und geschrotet
60 g Parmesan
90 g Weißbrotbrösel
2 EL Kernöl
Salz, Pfeffer aus der Mühle

Mehl, Germ, Butter, Ei, Milch, Kartoffeln und die Gewürze zu einem festen Hefeteig kneten. Sollte der Teig zu weich sein, noch etwas Mehl beigeben. Inzwischen die Fülle bereiten, indem man die Zwiebeln mit dem Kürbis in einer Pfanne röstet und pikant mit Salz, Pfeffer, Knoblauch und Thymian abschmeckt.

Den Germteig fingerdick ausrollen. In 6 cm x 6 cm große Quadrate schneiden und mit der ausgekühlten Masse füllen. An den vier Ecken zusammenschlagen und durch eine zerlassene Butter ziehen. Danach die Buchteln in eine mit Klarsichtsfolie ausgekleidete Dariolform geben und im Gärschrank oder an einem warmen Ort gehen lassen. Im Backofen bei 180 °C ca. 20 Minuten backen.

Für die Kürbiskruste: Butter mit den Dottern schaumig schlagen und nach und nach die restlichen Zutaten beigeben. Die Masse auf einer Klarsichtsfolie – danach in einer Alufolie – zu einer ca. 5 – 6 cm dicken Rolle formen und kalt stellen. (**TIPP**: Diese Kruste kann man in größeren Mengen herstellen und einfrieren.)

Rinderfilet mit Salz und Pfeffer (aus der Mühle) würzen und beidseitig anbraten, mit der Kürbiskernkruste belegen und im Salamander (Gratinierofen) gratinieren.
Braunen Fond und Zweigelt einkochen lassen und vor dem Anrichten mit kalter Butter binden. Die Sauce glatt streichen, das Rinderfilet daraufsetzen und mit Erdäpfelbuchteln und verschiedenem Gemüse servieren.

Chili vom Muskatkürbis

Zutaten

Für 4 Personen

320 g mageres Rindfleisch (Huft)
100 g Zwiebeln
½ EL Tomatenmark
1/8 l Rotwein
Cognac zum Ablöschen

½ l Rindsuppe
¼ l brauner Kalbsfond

100 g rote Bohnen
100 g Muskatkürbis
Je ½ rote, grüne und gelbe Paprikaschote
1 großer Pfefferoni (Peperoni)

½ Chili nach Bedarf
200 g Tomaten, abgezogen, entkernt und in Würfel geschnitten

Knoblauch, Thymian, Oregano, Majoran, Kümmel gemahlen
Salz, Pfeffer aus der Mühle

Olivenöl zum Anbraten
Stärkemehl zum Binden

Das Rindfleisch in kleine Würfel schneiden. Die geschnittenen Zwiebeln in Olivenöl goldbraun rösten. Das Fleisch beigeben und ebenfalls anbraten. Mit Tomatenmark tomatisieren und danach mit Rotwein und Cognac ablöschen.

Mit Rindsuppe und brauner Grundsauce (siehe nächste Seite) aufgießen, die Gewürze beigeben und das Fleisch zugedeckt schmoren lassen.

Am Ende der Garzeit die Paprikaschoten (in 8 mm x 8 mm große Stücke geschnitten), die gekochten Bohnen, Muskatkürbiswürfel und Pfefferoni beigeben und gar kochen.

Zum Schluss die Tomatenwürfel beigeben, fertig abschmecken und mit Stärkemehl leicht binden.

TIPP

Anstelle des braunen Kalbsfonds kann auch eine kräftige Rindsuppe (insgesamt ¾ l) verwendet werden.

Brauner Kalbsfond (Braune Grundsauce)

Die Knochen nussgroß schneiden (am besten beim Metzger) und in einem Bräter am Herd in Öl anbraten.
Etwas später die Sehnen dazugeben.

Das Ganze im Rohr bei 180 °C ca. 30 – 40 Minuten langsam bräunen lassen und das nussgroß geschnittene Gemüse (außer Lauch) dazugeben. Das Fett abgießen und das Tomatenmark mitrösten. Mit Weißwein mehrmals ablöschen und wieder einreduzieren. Wenn es eine schöne hellbraune Farbe hat, den ebenfalls nussgroß geschnittenen Lauch und die Gewürze beigeben.

Die Knochen aus dem Rohr nehmen und den Sud in einen Topf geben. Dann wird mit kaltem Wasser (oder hellem Kalbsfond) der Topf aufgefüllt. Petersilienstängel und die Pilzabschnitte beifügen. Aufkochen und den Schaum ständig abschöpfen.

Nach ca. 3-stündigem leichten Köcheln den Fond durch ein Passiertuch abseihen und nochmals mit Salz abschmecken.

Zutaten

Für 1 Liter Fond

3 kg Knochen vom Kalb
1 EL Öl
250 g Sehnen vom Kalb

200 g Zwiebeln
100 g Karotten
80 g Knollensellerie
100 g Tomatenmark
½ l Weißwein
70 g Lauch

1 Lorbeerblatt
5 Pfefferkörner, Salz
Je 1 Zweig Rosmarin und Thymian

4 l Wasser oder heller Kalbsfond
1 Petersilienstängel
30 g Abschnitte (Stängel) von frischen Pilzen oder getrocknete Pilze
Salz

Knuspriges Lammfilet auf geschwenktem Pattison-Gemüse

Zutaten

Für 4 Personen

4 Stk. Lammfilets
Salz, Pfeffer
1 Zweig Rosmarin, fein geschnitten
Fertiger Kataifiteig oder Strudelteig
2 EL Mehl
1 Eiweiß
125 ml Lammsauce
Olivenöl

Pattison-Gemüse:
6 Mini-Pattison-Kürbisse
Zitronensaft
1 Schalotte
Einige schwarze Oliven
4 – 8 Stück junger Lauch, blanchiert
1 Knoblauchzehe

Die Lammfilets mit Salz, Pfeffer und Rosmarin würzen, mehlieren, in halb geschlagenes Eiweiß tauchen und in den in Streifen geschnittenen Teig einrollen. In einer Pfanne etwas Öl erhitzen und das im Teig eingepackte Lamm langsam braten.

Die Pattison-Kürbisse in Scheiben oder Spalten schneiden und in etwas Olivenöl mit zerdrückter Knoblauchzehe braten. Zum Schluss die fein geschnittene Schalotte kurz mitrösten sowie die Oliven, Zitronensaft und den blanchierten Lauch untermengen.

Gemüse mit den knusprigen Lammfilets anrichten, mit etwas Lammsauce servieren.

TiPP

Dieses knusprige Lammfilet kann in Kombination mit Blattsalaten und Minze ebenso als Vorspeise serviert werden.

Rindersteak auf Pastinakengemüse mit Kürbiskrusteln

Zutaten

Für 4 Personen

600 g Rinderfilet
1/8 l kräftiger Rotwein
Etwas eingekochte Rindersauce

300 g Pastinaken
2 EL Kalbs- oder Gemüsefond
50 g Walnusskerne
30 g Sultaninen
20 g Butter
1 EL Walnussöl
Salz, Pfeffer, Zitronensaft
1 EL geschnittener Schnittlauch

Kürbiskrusteln:
500 g Muskatkürbis
25 g Schalotten
50 g Parmesan
75 g griffiges Mehl
120 g Ricotta
1 EL Kürbiskerne, geröstet und geschrotet
1 Ei
Salz, Pfeffer und Muskat
1 Knoblauchzehe, gehackt

Pastinaken schälen und 250 g in ca. 6 – 8 cm lange Stifte schneiden. Das Walnussöl mit der Butter erwärmen und die Pastinaken-Streifen kurz anschwenken. Mit Kalbsfond aufgießen und langsam am Herdrand weich schmoren (mit Deckel). Die gerösteten Nüsse und Sultaninen beigeben, mit Salz, Pfeffer und Zitronensaft würzen und mit dem fein geschnittenen Schnittlauch einige Male kräftig durchschwenken.

Für die Krusteln: Den Kürbis reiben, mit etwas Zwiebel andünsten und mit Salz und Pfeffer würzen. Ricotta mit einem Tuch gut auspressen, danach mit dem Kürbis und den restlichen Zutaten vermischen. Mit Salz, Pfeffer, Muskat und Knoblauch nochmals abschmecken. Danach ca. 15 Minuten rasten lassen.
Auf einem bemehlten Brett 1,5 cm dicke Rollen formen und diese dann in 1,5 cm lange Stücke schneiden. In heißem Butterschmalz goldbraun backen.

Die Rindersteaks mit Salz und Pfeffer würzen und in etwas Öl rundum anbraten. Für 8 Minuten in ein auf 180 °C vorgeheiztes Rohr schieben und anschließend bei ca. 80 °C 15 Minuten unbedingt rasten lassen. Den Bratenrückstand mit Rotwein ablöschen, auf ein Minimum einkochen und mit Rindersauce noch einmal aufkochen.

Nun das Fleisch in dünne Tranchen aufschneiden und auf dem Pastinakengemüse anrichten. Mit den Krusteln umlegen (oder extra reichen) und mit etwas Sauce umkränzen.

Gedünstetes Gulasch vom Styria Beef mit gebackenen Kürbissticks

Das Fleisch in ca. 50 g große Würfel schneiden. (Pro Portion 5 Stk.) Die Zwiebeln fein schneiden und in Sonnenblumenöl goldbraun rösten. Das Tomatenmark beigeben und ebenso den Paprika. Mit Rotwein ablöschen und mit Rindsuppe aufgießen.

Aufkochen lassen und das Fleisch beigeben. Die gerebelten Kräuter und gehackten Gewürze sowie den Abrieb von Zitrone und das Lorbeerblatt hinzufügen und langsam (mit Deckel) schmoren, bis das Fleisch weich ist.

Abschmecken und eventuell, wenn nötig, mit Stärkemehl binden.

Für die Kürbissticks: Kürbis in 2 cm x 5 cm große Stäbchen schneiden und mit etwas körnigem Senf einstreichen. Mit Salz und Pfeffer würzen und in Mehl, Ei und einem Gemisch aus Bröseln und Kürbiskernen panieren. Im Erdnussöl schwimmend ausbacken.

Das Gulasch anrichten und mit Kürbissticks gefällig arrangieren.

Zutaten

Für 4 Personen

1 kg Styria Beef von der Schulter oder Wade
800 g Zwiebeln
2 EL Sonnenblumenöl
1 EL Tomatenmark
1 EL Paprikapulver
¼ l Rotwein
½ l Rindsuppe
Kümmel ganz, 3 Wacholderbeeren, 6 Korianderbeeren
2 Knoblauchzehen
1 Bund Majoran, Abrieb von einer Zitrone
1 Bund Thymian
Lorbeerblatt
Salz, Pfeffer aus der Mühle
Stärkemehl

Kürbissticks:
280 g Kürbis
Körniger Senf
3 EL Mehl
1 Ei
1 EL Brösel
2 EL Kürbiskerne geschrotet
Erdnussöl zum Ausbacken

Saltim Bocca vom Kürbis mit gegrillten Schweinsmedaillons

Zutaten

Für 2 Personen

120 g Kürbis (Langer von Neapel)
Olivenöl
Paprikapulver
Oregano
Limonenabrieb
Salz, Pfeffer aus der Mühle

6 Blatt Salbei
6 Scheiben Rohschinken (Prosciutto, Vulcano-Schinken)

200 g Schweinsfilet
2 Knoblauchzehen
1 Zweig Thymian
2 EL Sojasauce
1/8 l Rotwein
1/16 l Rindsuppe
Butter zum Binden

Den Kürbis in 6 gleichmäßige Stücke schneiden und aus Olivenöl, Salz, Pfeffer, Oregano, Paprikapulver und Limonenabrieb eine Marinade herstellen und darin ca. 10 – 15 Minuten marinieren.

Danach die Stücke mit je einem Salbeiblatt belegen und mit dem Rohschinken umwickeln.

Inzwischen vom Schweinsfilet 4 gleichmäßige Medaillons schneiden und mit Salz und Pfeffer würzen.

Die Medaillons und den eingeschlagenen Kürbis in Olivenöl beidseitig anbraten, die zerdrückten Knoblauchzehen sowie einen Zweig Thymian beigeben und im Backrohr bei 160 °C ca. 6 – 7 Minuten braten.

Danach die Medaillons und den knackig gebratenen Kürbis warm stellen. Den Bratensatz mit Rotwein ablöschen und reduzieren. Mit Sojasauce und etwas Rindssuppe aufgießen, durchkochen, abschmecken und passieren. Mit kalter Butter binden.

Die Kürbis-Saltim Bocca auf einem Teller gefällig mit den Schweinsmedaillons anrichten und mit der Sauce umkränzen.

TIPP

Als Beilage passt auch gut Kräuterrisotto mit geschmorten Tomaten. Oder (siehe Foto) Kürbis-Topfengaletten.

Rinderragout mit Kürbiswürfeln

Zutaten

Für 4 Personen

500 g Rinderoberschale oder Huft
2 EL Olivenöl
150 g Zwiebeln
30 g Sellerie
30 g Karotten

1 EL Tomatenmark
¼ l Rotwein
Ca. ½ l Rindsuppe
Salz, Pfeffer aus der Mühle
Lorbeerblatt
1 Zweig Thymian
1 Zweig Rosmarin
300 g Muskatkürbiswürfel

Sauerrahm (saure Sahne) zum Garnieren

Das Fleisch in ca. 40 – 50 g große Würfel schneiden, mit Salz und Pfeffer würzen und in Olivenöl gut anbraten. Danach aus dem Topf nehmen und die in nussgroße Würfel geschnittenen Zwiebeln, Karotten und Sellerie hinzugeben.

Das Gemüse rösten und mit Tomatenmark tomatisieren. Mit ca. 1/16 l Wasser aufgießen und wieder einkochen lassen. Diesen Vorgang ein paar Mal wiederholen, damit eine schöne dunkle Farbe entsteht. Danach mit Rotwein ablöschen und mit der Rindsuppe aufgießen.
Das Fleisch und die Gewürze beigeben und zugedeckt ca. 1 Stunde langsam am Herd kochen lassen.

Wenn das Fleisch gar ist, mit einer Gabel herausnehmen und die Sauce passieren. Nun die Kürbiswürfel beimengen – kurz kochen lassen und danach das Fleisch wieder hineingeben.

Das Ragout gefällig auf einem Teller oder in einer Kasserolle mit Sauerrahm anrichten.

TIPP

Als Beilage passen Kürbisspätzle oder Kürbisgnocchi. Eine empfehlenswerte Alternative ist auch Kürbiskernbrot.

Osso Bucco vom Kalb mit Kürbis-Piccata

Die Scheiben von der Kalbshaxe (Osso Bucco) mit Salz, Pfeffer und Knoblauch würzen und in Öl anbraten. Aus dem Bräter geben und das nussgroß geschnittene Gemüse anbraten, mit Tomatenmark tomatisieren und mit Weißwein ablöschen.

Mit Wasser oder Kalbsfond aufgießen und Rosmarin und Thymianzweige zugeben. Die Osso Bucco beigeben und im Rohr bei 160 °C langsam schmoren. Wenn das Fleisch weich ist, aus dem Bräter geben und die Sauce passieren. Eventuell mit Stärkemehl binden. Gemüsewürfel, Champignons und die Tomatenwürfel in Butter langsam anschmoren.

Für das Kürbis-Piccata: Den Kürbis in 1 cm x 2 cm x 4 cm große Stücke schneiden und mit Senf einstreichen. Mit Salz, Pfeffer und Knoblauch würzen.
Inzwischen das Ei aufschlagen und den Parmesan beigeben und verrühren. Kürbis durch das Mehl und in die Ei-Parmesan-Mischung ziehen. In einer beschichteten Pfanne Öl erhitzen und den panierten Kürbis hineingeben und langsam braten. Nach ca. 2 – 3 Minuten den Kürbis wenden und im Backrohr bei 150 °C fertig garen.

Das Piccata vom Kürbis auf einem Teller anrichten und das Osso Bucco halb versetzt daraufgeben. Die geschmorten Gemüsewürfel auf das Fleisch platzieren und mit etwas Bratensaft überziehen. Mit frischen Kräutern garnieren.

Zutaten

Für 2 Personen

280 g Kalbshaxe 2 cm dick geschnitten (mit Knochen)

100 g Wurzelgemüse (Karotten, Sellerie, Zwiebel und Lauch)
1/16 l Weißwein
1 TL Tomatenmark
30 g Sellerie, fein gewürfelt
30 g Karotten, fein gewürfelt
30 g Zwiebeln, gewürfelt
20 g Champignons, fein gehackt
½ EL Butter
Rosmarin, Thymian
1 Knoblauchzehe
Salz und Pfeffer
1 Tomate, entkernt und gewürfelt

Kürbis-Piccata:
80 g Kürbis (Langer von Neapel)
1 TL Senf zum Bestreichen
Salz, Pfeffer aus der Mühle
Knoblauch
1 EL Mehl
1 Ei
1 EL Parmesan gerieben

Rehrücken in der Haselnusskruste mit Kürbiskugeln

Zutaten

Für 4 Personen

600 g ausgelöster Rehrücken
Butterschmalz
2 Zweige Thymian
1 Zweig Rosmarin
1 Schalotte
2 Wacholderbeeren

1/8 l kräftiger Rotwein
1/8 l Rindsuppe oder brauner Wildfond, Butter

Kruste:
125 g Butter
100 g Haselnüsse, fein gehackt
50 g Weißbrotbrösel
1 Eigelb
1 Wacholderbeere
1 Zweig Thymian

Kürbiskugeln:
50 g Zucker
1 cl Ahornsirup
20 g Butter
50 ml flüssiges Obers (Sahne)
100 ml Gemüsefond
12 Stk. Kürbiskugeln, ausgestochen mit dem Parisienne-Ausstecher
1 cl Cognac

Den panierten Rehrücken von allen Seiten in heißem Butterschmalz gut anbraten. Zwei Thymianzweige, Rosmarin, die halbierte Schalotte und zwei zerdrückte Wacholderbeeren zugeben, mit Salz und Pfeffer würzen. Für ca. 10 Minuten in das auf 130 °C vorgeheizte Backrohr schieben und zwischendurch eventuell wenden. Anschließend herausnehmen und ruhen lassen.
Den Bratensatz mit einem kräftigen Rotwein ablöschen und einreduzieren lassen. Rindsuppe beigeben, passieren und mit kalter Butter binden.

Für die Kruste: Butter schaumig schlagen. 1 Eigelb, eine fein gemahlene Wacholderbeere und einen gehackten Zweig Thymian beimengen und alles gut durchschlagen. Haselnüsse in einer Pfanne ohne Fett goldbraun rösten, abkühlen lassen und mit den Weißbrotbröseln unter die Buttermasse rühren. Mit Salz und Pfeffer abschmecken.

Die Haselnussmasse in einen aufgeschnittenen Gefrierbeutel geben und zwischen den Beutelhälften platt klopfen. Anschließend in den Kühlschrank stellen und fest werden lassen. Dann eine Beutelhälfte abziehen, auf den Rehrücken legen, die zweite Folienseite abziehen und die Kruste leicht andrücken. Unter dem Salamander (Gratinierofen) oder in einem Backofen mit starker Oberhitze ca. 3 Minuten überbacken, bis die Kruste eine goldbraune Farbe bekommt

Für die karamellisierten Kürbiskugeln: 50 g Zucker in einer Pfanne unter ständigem Rühren hellbraun werden lassen. Mit Ahornsirup ablöschen und 20 g Butter hinzufügen. Dies nun mit der flüssigen Sahne und dem Gemüsefond auffüllen und kurz einkochen lassen. Dann die Kürbiskugeln beigeben, kurz mitdünsten und zum Schluss mit Cognac verfeinern. Den Rehrücken aufschneiden und mit den Kürbiskugeln und der Sauce gefällig anrichten.

Steirisches Brathendl mit Bohnen-Kürbiskernöl-Sauce

Zutaten

Für 4 Personen

1 ganzes Maishendl
1 Zweig Rosmarin
100 g Hamburgerspeck
1 Zwiebel
Salz, Öl zum Braten

Bohnensauce:
100 g Käferbohnen
1 Knoblauchzehe
1 kleine Zwiebel
1 Lorbeerblatt
1 Zweig Thymian

4 EL Kürbiskerne, grob gehackt
1 EL Butter
Ca. 1/8 l milde Rindsuppe oder Gemüsefond
Ca. 2 – 3 EL Kürbiskernöl
Salz, Pfeffer aus der Mühle

Die Bohnen über Nacht in reichlich kaltem Wasser einweichen.

Bohnen abseihen, in einen Topf geben und mit Wasser bedecken. Zwiebel und Knoblauch schälen, schneiden und zu den Bohnen hinzufügen. Danach Lorbeerblatt und Thymian beigeben und weich kochen. Sobald die Bohnen weich sind, Lorbeerblatt und Thymian entfernen. Bohnen mit gut einem 1/8 l der Kochflüssigkeit mittels Stabmixer pürieren.
Sollte die Sauce zu dick sein, mit der Suppe (Rindsuppe oder Gemüsefond) aufgießen.

Die gehackten Kürbiskerne in etwas Butter anbraten und in die Bohnensauce geben. Mit Kernöl, Salz und Pfeffer abschmecken.

Das Maishendl gründlich waschen, danach innen und außen mit Salz würzen. Das Backrohr auf 200 °C vorheizen.
Die Zwiebel schälen und grob schneiden. Den Speck in größere Würfel schneiden.
Das Maishendl mit Zwiebel, Speck und Rosmarin füllen. In einer Bratpfanne etwas Öl erhitzen, das Maishendl darin scharf anbraten, anschließend mit der Brustseite nach oben ins Backrohr schieben. Bratdauer: Je nach Größe ca. eine Stunde. Während des Bratens das Hendl des Öfteren mit dem Bratfett übergießen.

Das Maishendl sollte man erst bei Tisch zerteilen und dann mit der Fülle anrichten. Mit Bohnen-Kernölsauce servieren.

Putenbrust im Erdäpfel-Kürbismantel auf Rahmlinsen

Zutaten

Für 3 – 4 Portionen

Ca. 500 g Putenbrust (im Ganzen)
200 g Erdäpfel (Kartoffeln)
200 g Kürbis (Langer von Neapel)
40 g glattes Mehl
2 Eier
Pfeffer aus der Mühle
1 EL gehackte Kräuter
Kräutersalz
1 Schweinsnetz

Rahmlinsen:
50 g Zwiebeln
½ Knoblauchzehe
Butter
1/8 l Rindsuppe
60 g klein geschnittene Paprikaschoten, blanchiert
Je 60 g braune, grüne und rote Linsen gekocht
1 TL edelsüßes Paprikapulver

30 g Gemüsebrunoise von Sellerie, Karotten und Lauch gekocht
1 cl Kernöl
½ TL Dijonsenf
Ein Spritzer Balsamico
3 EL Obers (Sahne)
2 EL Schnittlauch
½ Knoblauchzehe
Salz, Pfeffer
Frischer Thymian

Erdäpfel und Kürbis schälen. Vom Kürbis 4 feine Scheiben schneiden (für Garnitur, siehe Kürbis-Chips). Den übrigen Kürbis grob raspeln, mit Mehl, Eiern, Kräutern und Salz vermischen und auf das Schweinsnetz platzieren.

Die Putenbrust mit Salz und Pfeffer würzen, gut auf allen Seiten anbraten und in der Erdäpfel-Kürbismasse einschlagen. Im 180 °C heißen Rohr ca. 35 – 40 Minuten backen. Optimale Kerntemperatur: ca. 68 – 70 °C.

Inzwischen die Rahmlinsen bereiten, indem man die Zwiebeln fein schneidet und in Butter mit der gehackten Knoblauchzehe anschwitzt. Mit Paprikapulver stauben und 1 EL braune Linsen hinzufügen. Mit Balsamico ablöschen und mit Rindsuppe aufgießen. Obers beigeben und gut durchkochen lassen. Mit dem Mixer pürieren, passieren, würzen und die gekochten Linsen sowie das gekochte Gemüsebrunoise und die Paprikaschoten beigeben. Zum Schluss mit Dijonsenf und fein geschnittenem Schnittlauch abschmecken.

Die Putenbrust ca. 5 – 10 Minuten rasten lassen, in Tranchen aufschneiden und auf den Rahmlinsen anrichten. Mit Kernöl beträufeln. Als Garnitur eignen sich Kürbis-Chips.

Für die Chips: Den Kürbis in ca. 1 mm dünne Scheiben schneiden. Nun 8 – 10 cm x 4 cm dicke Streifen herausschneiden, mehlieren und in Erdnussöl knusprig backen.

Süß-sauer geschmorte Poulardenkeule mit Kürbis und Zucchini

Zutaten

Für 4 Personen

4 Stk. Poulardenkeulen

12 Jungzwiebel, in Stücke geschnitten
100 g Kürbisstifte
100 g Karotten, in Stücke geschnitten
50 g Selleriestücke
50 g Zucchinischeiben

¾ l Geflügelfond
5 EL Sojasauce
1/16 l Balsamico-Essig
1 EL Honig
Salz, Pfeffer
Frischer Rosmarin

Die Poulardenkeulen mit Salz und Pfeffer kräftig einreiben. In einer Bratenpfanne Öl erhitzen und die Keulen knusprig anbraten. Honig zugeben und leicht karamellisieren lassen. Mit ¼ l Geflügelfond aufgießen und im 180 °C heißen Ofen ca. 8 Minuten schmoren lassen.

Karottenstücke, Sellerie und Kürbis ebenfalls in die Pfanne geben und weitere 8 Minuten schmoren lassen. Ab und zu mit Geflügelfond übergießen. Dann mit Jungzwiebeln und Zucchinischeiben etwa 5 Minuten fertig schmoren.

Das Fleisch und das Gemüse aus der Pfanne heben und warm halten. Den Bratenrückstand mit Sojasauce und Balsamico-Essig ablöschen, stark einkochen und mit restlichem Geflügelfond aufgießen. Mit fein gehacktem Rosmarin, Salz und Pfeffer würzen und noch einmal aufkochen.

Die geschmorten Keulen jeweils auf einen Teller legen, mit Bratensaft übergießen und mit Gemüse servieren.

TiPP

Als Beilage passen auch Erdäpfelbuchteln, Kürbisgnocchi oder eine Kürbisroulade.

Hühnerbrust mit Kürbis, Vulcano und gefüllten Tomaten

Von den Hühnerbrüsten die Haut kurz abheben, das Fleisch salzen und pfeffern und jeweils eine längliche Scheibe Kürbis und einen Thymianzweig daranlegen.
Mit der Haut wieder abdecken und mit einer Scheibe Schinken umwickeln. Eventuell mit einem Küchengarn zusammenbinden.

Nun die Hühnerbrüste in Olivenöl mit einer zerdrückten Knoblauchzehe rundum langsam anbraten und im Backofen bei 140 – 150 °C garen. Aus der Pfanne nehmen und warm stellen. Den Bratensatz mit Portwein ablöschen und mit etwas Suppe aufgießen, einreduzieren, passieren und mit etwas Butter montieren.

Inzwischen 4 schöne Tomaten aushöhlen. Von den restlichen Tomaten die Haut abziehen, entkernen und in kleine Würfel schneiden. Spinat blanchieren, kalt abschrecken, gut ausdrücken und grob hacken. Zwiebel und Knoblauch schneiden, in Olivenöl anschwitzen, Oliven und Spinat kurz mitrösten und von der Flamme ziehen. Jetzt Mozzarella und Tomaten würfelig schneiden, untermischen und mit Salz und Pfeffer abschmecken und die Masse in die Tomaten füllen. Mit Weißbrotbrösel und gehackter Petersilie bestreuen, mit etwas Olivenöl beträufeln und im vorgeheizten Ofen bei 180 °C ca. 12 Minuten backen.

Die Hühnerbrüste aufschneiden, die Tomate daraufsetzen und mit der Sauce umkränzen.

Zutaten

Für 4 Personen

4 Hühnerbrüste
80 g Vulcano-Schinken
50 g Kürbis
Frische Thymianzweige
1/8 l roter Portwein
1/8 l Geflügelfond
40 g kalte Butter

Gefüllte Tomaten:
1000 g Fleischtomaten
200 g junger Spinat
4 Stk. Oliven, entkernt und gehackt
80 g Zwiebeln
2 cl Olivenöl
1 Knoblauchzehe
100 g Mozzarella
40 g Weißbrotbrösel
Petersilie
Etwas Olivenöl
Salz und Pfeffer

Kürbissorte nach Saison und Wahl

Zanderfilet mit Kürbiskern-Polentacreme und mariniertem Rucola

Zutaten

Für 4 Personen

4 Stk. Zanderfilet à 120 g
Salz, Saft einer Zitrone
4 Knoblauchzehen, in Scheiben geschnitten
1 Bund Thymian
Olivenöl

Kürbiskern-Polentacreme:
2 EL gehackter Lauch
1 EL Butter
4 – 5 dl Hühnersuppe
120 g Polenta
80 g Kürbiskerne, geröstet und gehackt
Salz
Muskatnuss
2 EL geschlagenes Obers (Sahne)

250 g Rucola
(Dressing für Rucola siehe Seite 115)

Den Zander mit Salz und Zitronensaft würzen, Knoblauch und etwas Thymian unter die Haut schieben und das Ganze auf der Hautseite in Öl knusprig braten.

Für die Creme: Die Polenta in Butter anglasen, mit Suppe aufgießen und aufkochen. Alles so lange köcheln lassen, bis es von cremiger Konsistenz ist. Dann Kürbiskerne und den gehackten Lauch untermischen.

Die Creme leicht mit Salz und Muskatnuss würzen und mit Schlagobers verfeinern. Die cremige Polenta auf einem Teller anrichten, zuerst den marinierten Rucola und dann den gegrillten Zander daraufgeben.

TIPP

Ein ideales Gericht für heiße Sommertage, das zusätzlich noch mit Balsamico-Lack umkränzt werden kann.

Gebratenes Welsfilet mit Muskatkürbiskruste und Kümmel-Schwarzbiersauce

Zutaten

Für 5 Personen

600 g Welsfilet
Olivenöl
Salz, Pfeffer aus der Mühle,
Zitrone
Meaux-Senf

Kruste:
1 säuerlicher Apfel
150 g Muskatkürbis, in Butter gebraten
2 Scheiben Toastbrot
50 g Butter
1 Eigelb
Kümmel
Fein gehackte Kräuter (zB Petersilie, Schnittlauch, Kerbel, Zitronenthymian)

Kümmel-Schwarzbiersauce:
100 ml Schwarzbier
100 ml milder Fischfond
200 ml Kalbsjus (brauner Kalbsfond)
1 EL kalte Butter
Salz

Die Fischfilets in 5 gleich große Stücke teilen, mit Salz, Pfeffer, Zitronensaft und Senf würzen. In einer Pfanne anbraten.

Inzwischen für die Kruste die Äpfel und das Toastbrot feinwürfelig schneiden und mit einem Butterabtrieb vermischen. Zum Schluss den fein gewürfelten Muskatkürbis beigeben und würzen. Kalt stellen.

Den Fisch mit der Kruste gut bedecken. Im Salamander (Gratinierofen) oder in einem Backrohr bei maximaler Oberhitze ca. 3 – 5 Minuten braten.

Für die Sauce: Das Bier auf ein Drittel einreduzieren, Kalbsjus und Fischfond dazugeben und auf die Hälfte reduzieren, abschmecken und mit Butter montieren.

TIPP

Als Beilage empfiehlt sich Kartoffelpüree.

Ingwerkürbis in der Garnele mit Eierschwammerlrisotto

Die Garnelen mit der Schere aufschneiden, vorsichtig die Schale nach hinten wegziehen und den Darm herausschneiden. Danach die Schalotte und den Kürbis fein schneiden und in Olivenöl mit der Chilischote (im Ganzen!) langsam braten, bis er bissfest ist. Die Tomatenwürfel beigeben. Mit geriebenem Ingwer, Salz, Pfeffer sowie mit Knoblauch pikant abschmecken. Leicht auskühlen lassen und diese Masse in die weggezogenen Garnelenschalen füllen.

Die Garnelen auf den Zitronengrasspieß stecken und mit Knoblauch, Salz, Pfeffer und Zitronensaft würzen. Olivenöl in einer Pfanne erhitzen und die Spieße dann vorsichtig mit der zerdrückten Knoblauchzehe braten.

Für das Risotto: Die Eierschwammerln gut reinigen und kleinwürfelig schneiden. Die fein geschnittene Zwiebel in Olivenöl anziehen lassen, die Pilze dazugeben, salzen und leicht pfeffern. Den Reis kurz mitdünsten, mit Weißwein ablöschen und einkochen lassen. Dann unter ständigem Rühren immer wieder etwas heißen Fond dazugeben, bis der Reis gar bzw. al dente ist. Nach etwa 17 – 20 Minuten das Risotto vom Feuer nehmen, ein paar Butterflocken sowie den geriebenen Parmesan unterziehen und gerebelte Thymianblätter beigeben.

Das fertige Risotto in die Mitte des Tellers platzieren, den Zitronengrasspieß auf das Risotto geben und frischen Parmesan darüberreiben.

Zutaten

Für 4 Personen

8 Stk. Garnelen
(U5, Riesen-Garnelen)
4 Stk. Zitronengras
1 Schalotte
200 g Kürbis
50 g Tomatenwürfel
Ingwer, Salz, Pfeffer aus der Mühle
1 Stk. Chili
1 Knoblauchzehe
Zitronensaft
Olivenöl

Risotto:
120 g Eierschwammerln
(Pfifferlinge)
Olivenöl
Butter
1 Zwiebel
Salz, Pfeffer
160 g Risottoreis
(Carnaroli)
1 cl Weißwein
Ca. 2 dl Gemüsefond
oder Rinderbouillon
30 g Grana Padana
Frischer Thymian

Überbackener Heilbutt mit Kürbisnudeln und Maimorcheln

Zutaten

Für 4 Personen

Teig für Kürbisnudeln:
125 g Weizenmehl
100 g Kürbiskerne zu Mehl gemahlen
2 Eier, Salz
1 EL Kernöl
Lauwarmes Wasser nach Bedarf
½ EL Kernöl zum Anschwenken der Nudeln
1 TL Kürbiskerne, geschrotet

50 g frische Morcheln

125 ml Milch
30 g Butter
Salz, Pfeffer
30 g Polenta
1 Ei
1 Prise Salz
2 Schalotten
2 Knoblauchzehen
2 EL Olivenöl
40 ml trockener Weißwein
2 Thymianzweige
80 g Obers (Sahne)
Petersilie
1/8 l Gemüsefond

4 Heilbuttfilets ohne Haut und Gräten à ca. 100 g
2 EL Olivenöl
1 Rosmarinzweig
2 Thymianzweige
2 zerdrückte Knoblauchzehen
Salz, Pfeffer
Schnittlauch

Die Kürbiskerne in einer Kaffeemühle fein mahlen und mit den restlichen Zutaten einen Nudelteig herstellen. Danach den Teig ausrollen, Nudeln schneiden und wie gewohnt in Salzwasser kochen.
Die Morcheln in kaltem Wasser gut waschen. Milch mit Butter aufkochen und mit Salz und Pfeffer würzen. Die Polenta unter ständigem Rühren beimengen und alles bei mittlerer Hitze köcheln lassen, bis sich die Polentamasse vom Topfboden löst. Die Polenta vom Herd nehmen und etwas abkühlen lassen.

Das Ei trennen. Das Eiweiß mit dem Salz steif schlagen und beiseite stellen. Das Eigelb unter die Polentamasse rühren und vollständig abkühlen lassen. Die Morcheln vierteln oder halbieren.
Schalotten und Knoblauchzehen schälen, in feine Würfel schneiden und in Olivenöl glasig dünsten. Die Morcheln beigeben und mit Weißwein ablöschen. Thymian, Obers und Gemüsefond dazugeben. Die Sauce bei mittlerer Hitze sämig einkochen lassen und beiseite stellen.

Die Heilbuttfilets waschen, trocken tupfen, mit Salz und Pfeffer würzen und in Olivenöl von jeder Seite ca. 2 Minuten anbraten. Rosmarin, Thymian und Knoblauch zugeben. Danach auf ein Backblech legen.

Den Eischnee und den geschnittenen Schnittlauch unter die Polentamasse heben und diese auf die Fischfilets streichen. Im Salamander ca. 5 Minuten goldgelb gratinieren.

Inzwischen die gekochten Nudeln in Kernöl anschwenken und die geschroteten Kürbiskerne beimengen.
Die Morchelsauce wieder erwärmen und mit etwas geschlagenem Obers und Petersilie vollenden. Die Nudeln einrollen und auf einem Teller mit den Heilbuttfilets und der Morchelsauce gefällig anrichten.

Lachsforellenfilet in der Krenkruste auf Hokkaido-Sud

Zutaten

Für 4 Personen

4 Stück à 110 g – 120 g Lachsforellenfilet
Salz, Pfeffer, Zitronensaft

Krenkruste:
200 g Butter
60 g geriebenes Weißbrot
1 EL Kren (aus dem Glas)
Salz, Pfeffer

Hokkaido-Sud:
½ Zwiebel
2 Knoblauchzehen
3 Cherry-Tomaten
1 TL Estragonessig
500 ml Rindsuppe
1 Kartoffel (mehlig)
Kümmel
Salz, Pfeffer
320 g Hokkaido in 5 mm x 5 mm große Würfel geschnitten
20 g kalte Butter

12 Stück junger Lauch
1 EL Waldhonig
280 g tournierte (geformte) Kartoffeln

Für die Krenkruste: Die Butter schaumig rühren. Weißbrotbrösel und Kren untermischen, mit Salz und Pfeffer (aus der Mühle) abschmecken.

Für den Hokkaido-Sud: Die Zwiebel klein würfelig schneiden, mit den zerdrückten Knoblauchzehen und den zerdrückten Cherry-Tomaten anschwitzen, mit Estragonessig ablöschen und mit Rindsuppe aufgießen. Die Kartoffel für die Bindung hineinreiben und gut durchkochen lassen.
Danach in einem Mixer gut mixen und die Hokkaido-Würfel hineingeben. Mit Salz und Pfeffer würzen und mit 20 g kalter Butter montieren.

Die Lachsforellenfilets mit Salz, Pfeffer und Zitronensaft würzen, auf der Hautseite langsam anbraten und danach die Haut mit einer Zweizack-Gabel einrollen. Danach die Filets mit der Krenkruste bestreichen. In einem Backrohr bei starker Oberhitze (ca. 250 °C) oder in einem Salamander (Gratinierofen) garen, bis die Kruste eine schöne Farbe hat.

Zum Anrichten den Hokkaido-Sud in einen tiefen Teller geben. Die überbackenen Lachsforellenfilets auf Kürbis-Sud mit Honiglauch (Junglauch in Honig glacieren und mit Salz und Pfeffer würzen) und Kartoffeln anrichten.

Kürbisspinat mit gespicktem Forellenfilet und Kürbiskernbutter

Zutaten

Für 4 Personen

4 Forellenfilets mit à 80 g
1 Bund Apfelminze
1 EL Walnussöl
Salz, Pfeffer aus der Mühle
2 EL Zitronensaft

Kürbisspinat:
Butter
1 Schalotte
200 g geraspelter Kürbis
200 g Minispinat
Salz, Pfeffer aus der Mühle
Muskat

Kürbiskernbutter:
1 EL Butter
3 EL Kernöl
1 EL Kürbiskerne, geschrotet
2 Tomaten abgezogen, entkernt und in Würfel geschnitten

Kürbissorte nach Saison und Wahl

Die Forellenfilets auf der Hautseite mit Apfelminze spicken, mit Salz, Pfeffer und etwas Zitronensaft würzen und in Walnussöl in einer beschichteten Pfanne langsam braten.

Inzwischen den Kürbisspinat zubereiten, indem man die Schalotte in Butter anschwitzt und den geraspelten Kürbis hinzufügt. Kurz durchschwenken und danach den geputzten Minispinat beimengen. Mit Salz, Pfeffer und Muskat würzen.

Das Forellenfilet auf dem Kürbisspinat anrichten. Butter mit Kernöl aufschäumen lassen, geschrotete Kürbiskerne, den restlichen Zitronensaft und Tomatenwürfel beigeben und den Fisch damit überziehen.

Geräucherte Forellenfilets mit Krenhollandaise auf gegrillten Zucchini

Die Zucchini mit einem Wellenmesser in Scheiben schneiden und mit Salz, Pfeffer, Knoblauch, Thymian und Rosmarin marinieren.

Inzwischen die Sauce Hollandaise bereiten, indem man das Eigelb in einen Schneekessel gibt und über warmem Wasserdampf mit der Weißweinreduktion cremig aufschlägt. Danach den Kessel vom Wasserdampf geben und die handwarme Butter einrühren. Mit Salz, Pfeffer und Zitronensaft abschmecken. Nun den pasteurisierten Kren beigeben.

Geräucherte Forellenfilets kurz anwärmen, die Sauce Hollandaise darüber verteilen, mit geriebenem Käse bestreuen und kurz überflämmen.

Inzwischen die Zucchini in einer beschichteten Pfanne in Olivenöl gut braten und mit Salz, Pfeffer, Knoblauch, Thymian und Rosmarin würzen.

Auf einem Teller arrangieren. Die überflämmte Forelle daraufsetzen und eventuell mit mariniertem Wildkräutersalat vollenden.

TiPP

Dazu serviert man Baguette.

Zutaten

Für 1 Brot

4 Stk. Räucherforellen

Sauce Hollandaise:
1 Eidotter (Eigelb)
125 g geklärte Butter
2 EL Weißweinreduktion (ca. 1/8 l Weißwein mit Zwiebel, Lorbeer, Petersilienstängel und Pfefferkörnern auf die Hälfte einkochen)
Weiße Krenpaste

100 g geriebener Käse

2 Stk. Bio-Zucchini
Olivenöl, Knoblauch, Salz und Pfeffer aus der Mühle
1 Zweig Rosmarin
1 Zweig Thymian

Gebratener Lachs mit Kürbis-Radiccio

Zutaten

Für 4 Personen

4 Stück Lachs mit Haut geschuppt und ziseliert (kleine Einschnitte auf der Haut machen)

200 g Kürbisstreifen

1 großer Radiccio
1 Williamsbirne
2 Knoblauchzehen
2 EL Butter
Olivenöl
Birnenbalsamico-Essig
Zucker
Pfeffer aus der Mühle
Salz

Kürbissorte nach Saison und Wahl

Salat in Streifen schneiden. Knoblauch schälen und feinblättrig schneiden. Birne vom Kerngehäuse befreien und in feine Streifen schneiden. Knoblauch in Butter anschwitzen und 1 TL Zucker einrühren. Bis zur leichten Färbung erhitzen und die Kürbis- und Birnenstreifen zugeben und in der Pfanne schwenken. Mit einem kräftigen Schuss Birnenbalsamico ablöschen. Den Radiccio beigeben und kurz durchschwenken.

Lachsfilets salzen und pfeffern. Auf der Hautseite in Olivenöl bei mäßiger Hitze braten, bis man sieht, dass die Hitze langsam nach oben kommt.

Nun die Lachsfilets wenden und im Backofen bei 150 °C auf den Punkt braten. Dies dauert knapp 2 – 3 Minuten.

Lachs auf Kürbisradiccio dekorativ anrichten.

TiPP

Ein fruchtiges und schnelles Gericht für heiße Sommertage.

Zutaten

Für 2 Personen

2 Stk. Frühlingsrollenblätter
30 g Zwiebeln
Ingwer
Zitronengras
½ Knoblauchzehe fein gehackt
100 g Kürbis, in Würfel geschnitten
Olivenöl
30 g Jungzwiebeln
30 g Karotten und gelbe Rüben in Halbmonde geschnitten

100 g Forellenfilet mariniert mit Limettenabrieb und Salz
70 g gekochte Erdäpfel
Sojasauce
Salz, Pfeffer aus der Mühle
4 Blatt Bärlauch
Zitronenabrieb

Panier:
1 Ei
80 g Kürbiskerne geschrotet
40 g Semmelbrösel
Erdnussöl

Zum Anrichten:
60 g marinierter Rucola (siehe Blattsalat-Dressing Seite 115)

Steirische Frühlingsrolle mit Rucola und Kernöldressing

Für die Fülle die fein gehackten Zwiebeln mit Ingwer, Knoblauch und Zitronengras in Olivenöl andünsten und die Karotten sowie die gelben Rüben beigeben.

Danach die Kürbiswürfel und die Jungzwiebelstreifen dazugeben und ebenfalls gar ziehen lassen. Mit etwas Sojasauce aufgießen und die in Würfel geschnittenen Erdäpfel hinzufügen. Mit Salz, Pfeffer (aus der Mühle) und Zitronenabrieb würzen.

Die leicht ausgekühlte Masse auf die untere Seite der ausgelegten Frühlingsrollenblätter legen, die Ränder mit Ei einstreichen, die marinierten Forellenfilets und ein Bärlauchblatt darauflegen und zusammenrollen.

Mit Ei und dem Kürbisgemisch panieren und in Erdnussöl frittieren.

In der Mitte des Tellers den marinierten Rucola anrichten und die halbierte Frühlingsrolle daraufsetzen.

TiPP

Eventuell mit Kürbis-Chips und Cherry-Tomaten garnieren.

Lachsforelle unter Kürbiskern-Pestokruste

Den Fetakäse mit Parmesan, Semmelbrösel und Kürbiskernpesto vermischen. Die Fischfilets entgräten, mit Zitronensaft beträufeln und leicht salzen.

Den Fisch auf der Hautseite langsam anbraten. Danach umdrehen und die Haut einrollen. Mit vorbereiteter Kürbiskern-Pestomasse bestreichen und im Heißluftofen bei ca. 200 °C etwa 4 – 5 Minuten garen.

Für das Kürbiskernpesto: Kürbiskernöl mit den restlichen Zutaten gut mit einem Stabmixer oder einem Rotormixer mixen und in sorgfältig ausgespülte Einmachgläser füllen.

Gut gekühlt kann das Pesto etwa 2 Wochen gelagert werden.

TiPP

Lachsforelle harmoniert gut mit einem cremigen Kräuter- oder Eierschwammerlrisotto.

Zutaten

Für 4 Personen

4 Lachsforellenfilets
Zitronensaft
Salz, Pfeffer aus der Mühle
35 g Fetakäse
50 g Parmesan
50 g Semmelbrösel
60 g Kürbiskernpesto

Kürbiskernpesto:
Für 1 Glas à 400 g

150 g Kürbiskerne, geröstet und fein gerieben
150 g Kürbiskernöl
100 g Muskatkürbisfleisch
2 EL Parmesan, frisch gerieben
Prise Salz
Pfeffer aus der Mühle

BEILAGEN

Erdäpfelgnocchi

Zutaten

Für ca. 10 Portionen

500 g mehlige Erdäpfel (Kartoffeln)
400 g Muskat-Kürbis geschält und geschnitten

2 Dotter (Eigelb)
110 g Parmesan
180 g griffiges Mehl
180 g Weizengrieß
Olivenöl
Muskatnuss
Knoblauch
Salz, Pfeffer

Butter zum Anschwenken

Die Kartoffeln weich kochen, ausdämpfen und durch die Kartoffelpresse drücken.

Inzwischen den Kürbis mit Olivenöl, Muskatnuss, Knoblauchzehe, Salz und Pfeffer in eine Alufolie packen und bei 140 °C ca. 45 Minuten im eigenen Saft schmoren lassen.

Danach mixen und unter die passierten Kartoffeln rühren. Nun die restlichen Zutaten nach und nach beimengen. Die Masse sofort weiterverarbeiten, indem man 2 cm dicke Rollen formt und diese in 1,5 cm lange Stücke schneidet.

Nun mit einer Gabel Gnocchi formen und im Salzwasser einkochen. Kalt abschrecken und in einer beschichteten Pfanne in brauner Butter anschwenken.

Tipp

Erdäpfelgnocchi passen hervorragend zu Wild-, Fisch- und diversen Fleischgerichten. Geformte (ungekochte) Gnocchi lassen sich auch gut einfrieren!

Erdäpfelbuchteln mit Kürbisfülle

Mit den angegebenen Zutaten einen Germteig herstellen und einmal gehen lassen.

Inzwischen die Fülle bereiten, indem man die geschnittene Zwiebel in Butter anschwitzt und den Kürbis beimengt. Etwas Paprikapulver hinzufügen und mit einen Schuss Essig ablöschen. Danach das Schlagobers unterziehen und die Masse zu einer cremigen Konsistenz einkochen lassen und würzig abschmecken. Erkalten lassen.

Den Teig zusammenschlagen und etwa 1 cm dick ausrollen. In 5 cm x 5 cm große Quadrate schneiden und die Kürbisfülle in die Mitte platzieren. An den vier Ecken zusammendrehen, kurz in zerlassene Butter tauchen und in eine ausgelegte Dariolform geben. Gehen lassen und im Backrohr bei 160 – 170 °C ca. 20 – 25 Minuten backen.

TiPP

Diese Buchteln können entweder mit Wildkräuter- oder Vogerlsalat bzw. auch als Beilage gereicht werden.

Zutaten

Für 4 – 6 Portionen

200 g passierte Erdäpfel (Kartoffeln)
120 g Mehl
10 g Germ (Hefe)
1 – 2 EL Milch
2 Eidotter (Eigelb)
2 g flüssige Butter
Salz, Pfeffer
Muskat

Für die Fülle:
80 g Kürbis, in feine Würfel geschnitten
½ Zwiebel
Salz, Pfeffer aus der Mühle
Paprikapulver
Essig
1 EL Schlagobers (Sahne) oder Sauerrahm (saure Sahne)

Kürbissorte nach Saison und Wahl

Kürbiskernnudeln

Zutaten

Für 10 Personen

250 g Weizenmehl
200 g Kürbiskerne, zu Mehl gemahlen
4 Eier
2 EL Kernöl
Salz
Lauwarmes Wasser nach Bedarf

Die Kürbiskerne in einer Kaffeemühle oder in einer Moulinette fein mahlen und mit den restlichen Zutaten einen Nudelteig herstellen.

Danach den Teig ausrollen, Nudeln schneiden und wie gewohnt in Salzwasser kochen.

TiPP

Dieser Teig kann auch für Nudelteigtascherl verwendet werden.

Knuspriger Kürbis

Zutaten

Für 3 – 4 Portionen

280 g Kürbisstifte (0,5 cm x 0,5 cm x 5 cm)
1 ½ EL Weizenmehl
1 EL Stärkemehl
1 EL Kürbiskerne, geschrotet
0,1 l eiskaltes Wasser
Salz, Knoblauch
Erdnussöl zum Backen

Kürbissorte nach Saison und Wahl

Aus Weizenmehl, Stärkemehl, geschroteten Kürbiskernen, eiskaltem Wasser und den Gewürzen einen Teig zubereiten.

Inzwischen die geschnittenen Kürbisstifte in Mehl wälzen. Danach die Kürbisstifte durch diesen eher dünnen Teig ziehen und die Stifte in Erdnussöl frittieren.

Durch das Stärkemehl wird der Kürbis knusprig und kann als Beilage oder auch als Garnitur für etwaige Gerichte verwendet werden.

Kürbis in Ingwersirup

Zutaten

Für 4 Personen

1,5 kg Atlantic Gigant
1 kg Einmachzucker
1 Zitrone
5 cm frische Ingwerwurzel
3 – 4 Streifen unbehandelte Zitronenschale
1 EL Orangenblütenwasser

Den Kürbis schälen, entkernen und in 2 cm große Würfel schneiden. Danach die Kürbiswürfel in einen großen Topf geben, mit kaltem Wasser bedecken und aufkochen. Bei schwacher Hitze ca. 8 Minuten köcheln lassen, bis die Würfel gerade weich sind. Gut abtropfen lassen.

Die Ingwerwurzel in feine Streifen schneiden. Mit Orangenblütenwasser, Zitronenschale, Zitronensaft und Wasser aufkochen und zehn Minuten lang einkochen lassen.

Danach den Zucker beigeben und unter ständigem Rühren auflösen. Die Kürbiswürfel hinzufügen und bei schwacher Hitze leicht köcheln lassen, bis sie durchscheinend sind.

Die Würfel mit einem Schaumlöffel herausnehmen. Den Sirup noch weitere 5 Minuten sprudelnd kochen lassen.

Die noch warmen Kürbiswürfel mit dem Sirup auf einem Teller anrichten.

TiPP

Kürbis in Ingwersirup passt hervorragend zu gebratener Entenbrust oder Rehfilet. Verschiedene Blattsalate runden die Komposition ab.

Kürbissalat

Zutaten

Für 2 Personen

100 g Atlantic Gigant
Salz, Kümmel, Dill
geriebener Ingwer
Balsamico-Essig
Kernöl
1 EL Kürbiskerne, gehackt

Den geraspelten Kürbis mit Salz, Dill, Ingwer und Kümmel eine Stunde marinieren.

Danach mit Kernöl, Balsamico-Essig und den gehackten Kürbiskernen abschmecken.

TiPP

Dieser Salat ist eine empfehlenswerte Beilage für verschiedene Terrinen oder Sülzchen.

Kürbis-Topfengaletten

Zutaten

Für 5 Portionen oder 10 Stk.

120 g Topfen (Quark)
130 g Kürbispüree
(siehe Seite 11)
½ EL Kernöl
25 g Mehl, glatt
1 Ei
10 g Kristallzucker
40 g kleine Weißbrotwürfel (ohne Rinde)
Salz, Pfeffer, Muskat, Thymian, Petersilie

Alle Zutaten gut miteinander verrühren. Die Masse zu kleinen Laibchen formen und in Mehl wenden.

In einer Pfanne auf beiden Seiten anbraten und im Rohr bei 220 °C ca. 5 Min. backen.

Der Topfen muss sehr fest/trocken sein – eventuell über Nacht abhängen.

TiPP

Kürbis-Topfengaletten passen gut zu Wild oder Geflügel.

Kürbiskernpesto

Zutaten

Für ein 400 g Glas

150 g Kürbiskerne, geröstet und fein gerieben
150 g Kürbiskernöl
100 g Muskatkürbisfleisch
2 EL Parmesan, frisch gerieben
Prise Salz
Pfeffer aus der Mühle

Kürbiskernöl mit den restlichen Zutaten gut mixen (mit einem Stabmixer oder einem Rotormixer) und in sorgfältig ausgespülte Einmachgläser füllen.

Gut gekühlt kann das Pesto etwa zwei Wochen gelagert werden.

TiPP

Der feine nussige Geschmack der Kürbiskerne harmoniert ideal mit vielen Nudelgerichten, eignet sich aber auch bestens zum Verfeinern von kalten Gerichten mit Schafkäse, Salaten oder Räucherfischen.

Balsamico-Pattison

Zutaten

Für 4 Personen

8 Stk. Mini-Pattison-Kürbisse (Durchmesser: 5 cm)
2 Knoblauchzehen
Frischer Thymian
40 g Butter
1 EL Zucker
Meersalz, weißer Pfeffer
125 ml milder Balsamico-Essig
1 EL Schnittlauchröllchen

In einer Pfanne 2 zerdrückte Knoblauchzehen in Butter aufschäumen, Zucker hinzufügen und leicht bräunen. Pattison-Kürbisse vierteln und ebenfalls dazugeben. Mit Salz und weißem Pfeffer würzen, den Thymian abrebeln und darüberstreuen.

Pattison-Kürbisse nach und nach mit dem Balsamico glacieren und mit Schnittlauch garnieren.

TiPP

Eine ideale Beilage zu gegrilltem Fisch! Ebenfalls empfehlenswert für Wildgerichte.

Kürbisroulade

Zutaten

Für 4 Personen

50 g Mehl
125 ml Milch
60 ml Wasser
2 Dotter (Eigelb)
25 g zerlassene Butter

200 g Kürbispüree
(siehe Seite 11)
1 TL Mehl
30 g geriebenes Weißbrot
1 Ei
Salz, Pfeffer
Muskatnuss gemahlen

Aus Mehl, Milch, Wasser, Dotter und zerlassener Butter einen glatten Palatschinkenteig rühren. Dann in etwas Öl dünne Palatschinken backen und diese auf einer Klarsichtsfolie abkühlen lassen.

Inzwischen das Kürbispüree mit den restlichen Zutaten vermischen und abschmecken. Anschließend auf die Palatschinken auftragen und einrollen. Zuerst mit Klarsichtfolie und anschließend mit Alufolie umwickeln und an den Enden eindrehen. Entweder in siedendem Wasser oder in einem Dampfgarer etwa 12 Minuten garen.

TiPP

Kürbisroulade passt ideal zu Wildgerichten!

Kürbisspätzle

Zutaten

Für 4 – 5 Personen

125 g Mehl
125 g Kürbispüree vom Muskatkürbis
(siehe Seite 11)
2 Eier
2 Eidotter (Eigelb)
Salz, Muskat

Kürbissorte nach Saison und Wahl

Alle Zutaten gut verrühren, würzen und zu einem glatten Teig kneten. Den Teig durch ein Spätzlesieb in kochendes Salzwasser hobeln. Die Nockerln abseihen, kalt abschrecken und vor dem Anrichten in Butter mit geschroteten Kürbiskernen schwenken.
Zum Schluss können die Kürbisspätzle mit ein paar Tropfen Kernöl verfeinert werden.

TiPP

Eine ideale Beilage für diverse Wild- und Saucen-Gerichte (zB Gulasch).

Kürbis-Zwetschken-Chutney

Zutaten

Für 2 Gläser à 450 g

300 g Muskatkürbis
300 g Zwetschken
2 EL brauner Zucker
125 ml kräftiger Rotwein
125 ml Balsamico-Essig
125 ml Pflaumenwein
150 g Gelierzucker

Gewürzsackerl:
2 cm Zimtstange
1 Sternanis
1 Msp. Muskatnuss
3 dünne Scheiben Ingwer
Pfefferkörner

Gewürze in einen Teefilter geben und mit einem Küchengarn zubinden. Kürbis schälen und in Würfel schneiden. Zwetschken halbieren, entkernen und in Spalten schneiden.

Braunen Zucker in einer Pfanne schmelzen; Zwetschken und Kürbis darin karamellisieren. Mit Rotwein, Essig und Pflaumenwein ablöschen. Gelierzucker einrühren. Gewürzsackerl zugeben. Chutney zu marmeladeartiger Konsistenz einkochen. Gewürzsackerl entfernen und Chutney in zwei 450 g Gläser füllen.

Kürbis-Mango-Chutney

Zutaten

Für fünf Gläser à 500 g

1 kg Kürbisfleisch geschält und gewürfelt
750 g Mango, gewürfelt
250 g Zwiebeln, gewürfelt
3 Knoblauchzehen, gehackt
250 g Rohrzucker
¼ l Weißweinessig
½ TL Zimtpulver
½ TL Nelkenpulver
½ TL Currypulver
½ TL Kurkumapulver
Ingwer
1 Msp. Cayennepfeffer
Salz, evtl etwas Weißwein

Zwiebeln, Knoblauch, Kürbis und Mango vermengen. Zucker mit Essig verrühren, mit Zimt, Nelken, Curry, Ingwer, Kurkuma, Cayennepfeffer und 1 TL Salz in einen Topf geben. Die übrigen Zutaten hinzufügen, zum Kochen bringen, etwa 40 Minuten am Herdrand leicht köcheln lassen und ab und zu durchrühren. Sollte zu viel Flüssigkeit verdampfen, etwas Wein hinzugießen.

Chutney mit Salz abschmecken, sofort kochend heiß randvoll in gründlich gereinigte und gespülte Gläser mit Twist-off Deckel füllen. Gläser sofort verschließen und etwa 5 Minuten auf dem Deckel stehen lassen. Gläser kühl aufbewahren.

TiPP

Passt hervorragend zu gegrilltem Fisch bzw. zu Rohschinken oder Rinderfilet.

Kürbis-Chutney

Zutaten

Für 5 Gläser à 450 g

1 kg Kürbisfleisch
750 g säuerliche Äpfel

250 g Zwiebeln
3 Knoblauchzehen
125 g Rosinen
250 g Rohrzucker
¼ l Weißweinessig

½ TL Zimtpulver
½ TL Nelkenpulver
½ TL Currypulver
½ TL Kurkumapulver
Ingwer
1 Msp. Cayennepfeffer
Salz

Evtl. etwas Weißwein

Kürbissorte nach Saison und Wahl

Kürbis schälen, waschen, Kerne und Fasern entfernen und das Mark mit einem Löffel herauskratzen. Kürbisfleisch in kleine Würfel schneiden und abwiegen.

Äpfel schälen, vierteln, entkernen und in Würfel schneiden. Zwiebeln und Knoblauch abziehen und würfeln. Zutaten mit Rosinen vermengen.

Zucker mit Essig verrühren und mit Zimt, Nelken, Curry, Ingwer, Kurkuma, Cayennepfeffer und 1 TL Salz in einen Topf geben. Die übrigen Zutaten hinzufügen, zum Kochen bringen, etwa 40 Minuten dünsten lassen und ab und zu durchrühren. Sollte zu viel Flüssigkeit verdampfen, etwas Wein hinzugießen.

Chutney mit Salz abschmecken. Sofort kochend heiß randvoll in gründlich gereinigte und gespülte Gläser mit Twist-off Deckel füllen. Gläser sofort verschließen und etwa 5 Minuten auf dem Deckel stehen lassen. Chutney-Gläser kühl aufbewahren.

Bei guter Lagerung ist Kürbis-Chutney mindestens 6 Monate haltbar.

TiPP

Sollten Sie keine Rosinen im Chutney wünschen, können Sie diese selbstverständlich auch weglassen.

Kürbis-Kompott

Zutaten

Für 6 – 8 Gläser à 450 g

2,5 kg Kürbiswürfel
1,1 kg Zucker
16 Stk. Gewürznelken
16 Stk. Neugewürzkörner (Piment)
3 große Zimtrinden
3/16 l Goldessig
2 l Wasser
2 Zitronen

Kürbis schälen und in Würfel schneiden und über Nacht in Essigwasser (bedeckt) legen. Abseihen und den Sud wegschütten.

Wasser, Essig, Zucker, Zimtrinde, Gewürznelken und Neugewürz ca. 25 min. kochen lassen. Gewürze herausnehmen – da sonst braune Flecken am Kürbis entstehen. Kürbiswürfel und Zitronenscheiben köcheln lassen, bis sie bissfest bzw. glasig sind. Noch heiß abfüllen (inkl. Zitronenscheiben) und Gläser sofort verschließen.

TiPP

Kürbis-Kompott passt zu einer Brettl-Jause!

Dressing für Blattsalat

Zutaten

Für ca. ½ l Dressing

30 g Zwiebeln
1 Knoblauchzehe
100 ml Rotwein
Rosmarin, italienische Kräuter und Majoran
½ EL Ketchup
1 TL Senf
Kräutersalz, Pfeffer
½ EL Zucker
1/8 l Olivenöl
1/16 l Rotweinessig
1/8 l Rapsöl
1/16 l Balsamico-Essig
Ein Schuss Sherry

Die Zwiebel grob würfelig schneiden und mit Rotwein, angedrückter Knoblauchzehe und den Kräutern auf die Hälfte einkochen.
Auskühlen lassen und mit Senf, Ketchup, Zucker, Salz und Pfeffer gut verrühren.
Danach Essig und Öl langsam einrühren, damit das Dressing gut bindet.
Dieses Dressing ist im Kühlschrank ca. 1 Woche haltbar.

TiPP

Als Garnitur zu Blattsalaten: Eine Scheibe Schinken in Fett knusprig backen und evtl. mit Balsamico-Lack überziehen.

DESSERTS

Steirischer Kürbisschmarren

Zutaten

Für 2 Personen

100 g Schlagobers (Sahne)
200 ml Milch
3 Eier
1 EL Staubzucker
1 Prise Salz
120 g glattes Mehl
20 g Butter
2 EL gehackte Kürbiskerne
Staubzucker zum Bestreuen

Foto Seite 116

Für den Teig die Eier trennen. Das Eiweiß mit einer Prise Salz und dem Staubzucker steif schlagen. Eidotter und Obers vermischen und schaumig rühren. Nun die Milch zugeben, Eischnee und die Dottermilch in eine Schüssel füllen, beides vermengen und das gesiebte Mehl vorsichtig unterziehen.

In einer beschichteten Pfanne die Butter erwärmen und den Schmarrenteig einfüllen. Die gehackten Kürbiskerne obenauf verteilen. Anschließend die Pfanne zudecken. Bei mittlerer Temperatur den Teig auf der Unterseite leicht bräunen.

Die (feuerfeste) Pfanne in ein vorgeheiztes Backrohr schieben (ca. 180 °C), bis der Schmarren schön aufgeht und stockt. Nun die Teigplatte wenden und die Unterseite ebenfalls bräunen.

Die gebackene Teigplatte in gefällige Stücke zerreißen. In die Mitte der Pfanne etwas Butter und Zucker geben und leicht karamellisieren. Kurz durchschwenken, auf Tellern anrichten und mit Staubzucker bestreuen.

TiPP

Zu dieser Mehlspeise passt sehr gut ein Apfel- oder Birnenkompott.

Kürbiskerntorte

Backrohr auf 170 °C vorheizen. Den Boden der Tortenform mit Butterpapier belegen und mit dem Tortenring fixieren.

Für die Torte: Eiweiß vom Eigelb trennen. Die Hälfte des Zuckers mit dem Eiweiß aufschlagen. Den restlichen Zucker mit Vanillezucker und dem Eigelb schaumig rühren. Zum Schluss den Rum unterrühren. Mehl, Backpulver, Kaffeepulver und die geriebenen Kürbiskerne gut miteinander vermischen. Nun den Eischnee mit der Eigelbmasse gut verrühren und das Kürbiskerngemisch sorgfältig unterziehen.

Den fertigen Teig in die Tortenform füllen und im Backrohr bei 170 °C ca. 35 – 40 Minuten hellbraun backen. Danach auskühlen lassen.

Die Kürbiskerntorte einmal durchschneiden und großzügig mit Marmelade füllen. Tortenboden auflegen und die ganze Torte rundherum dünn mit Marmelade bestreichen.

Die erwärmte Glasur gleichmäßig auf die Torte auftragen. Beliebig mit Schokokürbiskernen dekorieren, solange die Glasur noch weich ist.

Zutaten

Für eine Torte mit 20 cm Durchmesser

120 g Butter
3 Eier
100 g Kristallzucker
1 Pkg. Vanillezucker
6 EL Rum
200 g geriebene Kürbiskerne
1 EL Kaffeepulver
50 g Mehl
½ Pkg. Backpulver

Für die Fülle:
200 g Marillen- (Aprikosen-) oder Erdbeermarmelade

Schokoladeglasur:
(siehe Seite 120)

100 g Schokokürbiskerne

Kürbiskerngugelhupf

Zutaten

Für 1 Gugelhupf

5 Eidotter (Eigelb)
60 g Speiseöl
60 g Kernöl
1 Pkg. Vanillezucker
180 g Staubzucker
5 Eiweiß
120 g Zucker
Prise Salz

300 g Mehl
120 g geriebene Kürbiskerne
9 g Backpulver
120 g Milch
Marillenmarmelade (zum Bestreichen)

Schokoladeglasur:
100 ml Wasser
200 g Kristallzucker
150 g Zartbitterkuvertüre

ca. 50 g Kürbiskernschrot (zum Bestreuen)

Eigelb mit Öl, Vanillezucker und Staubzucker schaumig rühren. Eiweiß mit Salz und Zucker zu Schnee schlagen und grob unter die Eigelbmasse heben.

Mehl mit Kürbiskernen und Backpulver vermischen und abwechselnd mit der Milch unter die Eimasse heben.

Masse in die befettete und bemehlte Form füllen.

Bei 150 °C ca. 50 Minuten backen.

Den ausgekühlten Gugelhupf mit heißer Marillenmarmelade aprikotieren und mit Schokoladeglasur glasieren.

Geriebene Kürbiskerne in die noch weiche Glasur streuen.

Für die Schokoladeglasur: Wasser mit Zucker aufkochen und die zerkleinerte Kuvertüre darin schmelzen. Die Glasur mit einem Stabmixer etwa eine halbe Minute aufmixen und unter öfterem Umrühren abkühlen lassen.

Die Glasur ist bei ca. 45 – 50 °C gebrauchsfertig und kann luftdicht abgedeckt im Kühlschrank einige Wochen gelagert werden.

Kaisergugelhupf mit Kürbiskernkrokant

Obers mit Eigelb, Vanillezucker, Zitronen-Abrieb und Staubzucker verrühren. Eiweiß mit Zucker und Salz zu Schnee schlagen und grob unter die Obersmasse heben.

Mehl mit Backpulver, Kürbiskernkrokant und Rosinen vermengen und unter die Masse heben.

Masse in die befettete und bemehlte Form füllen. Bei 150 °C ca. 50 Minuten backen.

Für das Kürbiskernkrokant: Zucker in einer Pfanne karamellisieren und die Kürbiskerne unterrühren.

Den Krokant auf ein leicht befettetes Blech geben und auskühlen lassen. Dann den Krokant mit einer Moulinette grob schroten.

TIPP

Krokant kann auch mit Walnüssen, Haselnüssen oder auch mit Pistazien hergestellt werden.

Zutaten

Für 1 Gugelhupf

290 g geschlagenes Obers (Sahne)
6 Eidotter (Eigelb)
150 g Staubzucker
1 Pkg. Vanillezucker
Abrieb von einer Zitrone
6 Eiweiß
150 g Kristallzucker
Prise Salz
300 g Mehl
5 g Backpulver
80 g Rosinen
2 EL Kürbiskernkrokant

Kürbiskernkrokant:
150 g Kristallzucker
150 g ganze Kürbiskerne

Topfen-Kürbiskernpalatschinken mit geschüttelten Balsamico-Erdbeeren

Zutaten

Für 3 – 4 Personen

Oberscreme:
1 Ei
50 g Zucker
2 Blatt Gelatine
1 Vanilleschote
50 g Topfen (Quark)
50 g festes Püree vom Muskatkürbis (siehe Seite 11)
60 g Kürbiskernkrokant (siehe Seite 121)
Etwas Zitronensaft
200 g Schlagobers (Sahne)

Palatschinkenteig:
3 – 4 Eier
75 g Mehl
Zucker
Eine Prise Salz
¼ l Milch
Öl zum Backen
1 ½ EL geriebene Kürbiskerne zum Bestreuen

Balsamico-Erdbeeren:
250 g Erdbeeren
1 – 2 EL brauner Zucker
Milder Balsamico-Essig nach Geschmack

Für die Oberscreme: Ei, Zucker und Vanilleschote über Wasserbad warm aufschlagen, die aufgelöste Gelatine, Kürbispüree, Krokant und den Topfen dazugeben. Mit etwas Zitrone abschmecken und am Schluss das steifgeschlagene Obers unterheben.

Für die Palatschinken: Mit den Zutaten einen Teig herstellen und diesen dann in eine Pfanne hauchdünn eingießen. Jeweils mit fein geschroteten Kürbiskernen bestreuen, wenden und fertig backen.

Die Palatschinken mit der Topfen-Kürbismasse füllen. Dabei darauf achten, dass die Kürbiskernseite außen ist. Nun die Palatschinken in abgeschrägte Zylinder schneiden.

Für die Balsamico-Erdbeeren: Erdbeeren klein schneiden und mit Zucker und Balsamico in einem geschlossenen Plastikbehälter gut schütteln, bis der Zucker sich aufgelöst hat.

Die Balsamico-Erdbeeren mit den Kürbiskernpalatschinken gefällig anrichten

Gefüllte und gebackene Kürbisblüten mit Espresso-Parfait

Zutaten

Für 4 Personen

8 Stk. Kürbisblüten
¼ l Milch
100 g glattes Mehl
70 g Stärkemehl
2 Dotter (Eigelb)
2 Eiweiß
Salz
1 Pkg. Vanillezucker

Fülle:
100 g Muskatkürbis
50 g Zucker
1 Nelke
½ Zimtstange
Ca. 2 EL Orangensaft
1 EL Rum

Für das Espressoparfait:
200 g flüssiges Obers (Sahne)
30 g Javabohnen (Kaffeebohnen)
2 Eidotter (Eigelb)
25 g Zucker
1 Pkg. Vanillezucker
Prise Salz
15 g Akazienhonig
5 g Moccalikör

250 g Bauernjoghurt
2 EL Waldhonig
1 Pkg. Vanillezucker

Erdnussöl zum Backen

Für das Espressoparfait: Obers mit Kaffeebohnen kurz aufkochen und 5 Minuten ziehen lassen, danach abseihen und ca. 1 Stunde kalt stellen. Eigelb mit Zucker, Vanillezucker und Salz über Dampf warm aufschlagen und anschließend weiterschlagen, bis die Masse kalt ist. Jetzt den Honig und den Moccalikör einrühren und zum Schluss das zuvor kalt gestellte Javabohnen-Obers aufschlagen und unterziehen.
Die Masse in Portionsförmchen füllen und ca. 4 Stunden kalt stellen.

Für die Fülle: Den geschälten Kürbis in kleine Stücke schneiden und in einem Topf mit Orangensaft, Zucker und den Gewürzen weich kochen. Der Saft sollte verdampft sein. Danach Nelke und Zimtstange entfernen und die Masse mit einem Stabmixer zu einem Püree mixen.

Bei den gewaschenen Kürbisblüten die inneren grünen Kelchblättchen entfernen. Das ausgekühlte Püree hineinfüllen und die Blüte zusammendrehen.
Nun mit Milch, Mehl, Stärkemehl, Vanillezucker, Salz, Dotter und dem geschlagenen Eiweiß einen Backteig herstellen. Die Kürbisblüten durch den Teig ziehen und in Erdnussöl knusprig backen.

Das gut durchgefrorene Parfait aus den Formen lösen. Bauernjoghurt mit Honig und Vanillezucker verrühren und spiegelglatt auf einen Teller streichen. Nun die Kürbisblüten sowie das Parfait gefällig platzieren.

Kürbiskernkrokant-Schnecken

Ein Dampfl ansetzen, d. h. Germ mit etwas lauwarmer Milch und etwas Zucker vermischen und mit ein bisschen Mehl einen dickflüssigen Teig herstellen; gehen lassen.

Butter, Zucker und Dotter schaumig schlagen. Vanillezucker, Salz, Rum und Zitronenschale beigeben. Restliches Mehl, Zucker und das aufgegangene Dampfl beigeben und zu einem Teig kneten. An einem warmen Ort nochmals gehen lassen.

Milch aufkochen, mit Kürbiskernkrokant, Zucker, Rum und Zimt zu einer Kürbiskrokantfülle mischen. Nochmals den Teig durchschlagen und zu einem Rechteck ausrollen.

Fülle auf dem Teig verstreichen, zu einer Rolle einschlagen und in 12 Stücke schneiden. Mit der flachen Seite nach unten aufs Blech legen. Nochmals 20 Minuten gehen lassen.

Im vorgeheizten Rohr bei 170 °C ca. 20 Minuten backen.

TiPP

Eventuell mit heißer Marillenmarmelade oder einer Staubzuckerglasur übergießen.

Zutaten

Für ca. 12 Stk.

320 g Mehl
60 g Zucker
80 g Butter
20 g Germ (Hefe)
200 ml Milch
2 Eidotter (Eigelb)
Prise Salz
1 Schuss Rum
Vanillezucker

Kürbiskern-Krokantfülle:
150 g geriebenes Kürbiskrokant
(siehe Seite 121)
100 ml Milch
100 g Zucker
1 Schuss Rum
Eine Prise Zimt

Kürbiskern-Biskuitomeletten

Zutaten

Für ca. 30 Stk.
mit 7,5 cm Durchmesser

120 g Eiweiß (4 Stk.)
80 g Zucker
1 Pkg. Vanillezucker
Prise Salz
30 g Stärkemehl
80 g Eigelb (4 Stk.)
40 g Mehl
40 g Kürbiskerne, geröstet und geschrotet

Staubzucker zum Bestreuen

Eiweiß mit Zucker, Stärkemehl, Vanillezucker und Salz zu festem, aber noch schmierigem Schnee schlagen.

Das Mehl mit den Kürbiskernen vermischen. Zuerst die Dotter, danach das Mehl-Kürbiskerngemisch unterziehen.

Omeletten mit glatter Tülle spiralförmig auf ein Backpapier aufdressieren und nur sehr hell backen (damit sie beim Zusammenklappen nicht brechen).

Gleich nach dem Backen das Papier abziehen, mit einem Kochlöffelstiel in der Mitte eindrücken und an dieser Stelle zusammenklappen.

Nun kann man die Omeletten mit Schlagobers und frischen Früchten nach Saison füllen. Mit Staubzucker bestreuen.

Zucchini-Kuchen mit Kürbiskernkrokant

Zucker, Eier und Geschmackszutaten unter tropfenweiser Zugabe von Öl schaumig schlagen, Nüsse und Zucchini dazugeben. Mehl mit Backpulver vermischen und beimengen.

Masse auf ein befettetes, bemehltes Blech geben und im Rohr 30 Minuten bei 180 °C backen. Aprikotieren oder mit heißer Ribiselmarmelade dünn bestreichen und mit Schoko-Kürbiskrokant-Glasur überziehen.

Für die Schokoladeglasur mit Kürbiskernkrokant: Wasser mit Zucker aufkochen und die zerkleinerte Kuvertüre darin schmelzen.
Die Glasur mit einem Stabmixer etwa eine halbe Minute aufmixen und unter öfterem Umrühren abkühlen lassen. Zum Schluss das Kürbiskernkrokant beigeben.

Die Glasur ist bei ca. 45 – 50 °C gebrauchsfertig und kann luftdicht abgedeckt im Kühlschrank einige Wochen gelagert werden.

Für das Kürbiskernkrokant: Zucker in einer Pfanne karamellisieren und die Kürbiskerne unterrühren.
Den Krokant auf ein leicht befettetes Blech geben und auskühlen lassen. Dann den Krokant mit einer Moulinette grob schroten.

Zutaten

Für 1 Blech 30 cm x 40 cm

¼ l Rapsöl
500 g Weizenmehl oder Vollkornmehl
500 g Kristallzucker
300 g Bio-Zucchini, geraspelt
1 Pkg. Vanillezucker
4 Eier
½ KL Backpulver
100 g geriebene Haselnüsse
Zitrone, Rum, Zimt
Ca. 60 g Ribisel- oder Marillenmarmelade (Aprikosenmarmelade)

Schokoladeglasur mit Kürbiskernkrokant:
100 ml Wasser
200 g Kristallzucker
150 g Zartbitterkuvertüre
3 EL Kürbiskernkrokant

Kürbiskernkrokant:
150 g Kristallzucker
150 g ganze Kürbiskerne

Zutaten

Für 4 Personen

Creme:

200 g Kürbispüree
(siehe Seite 11)
5 Stück Bio-Orangen
80 g Zucker
3 Blatt Gelatine
Mark von 1 Vanilleschote
2 cl Rum
Etwas gemahlener Zimt
300 g Schlagobers (Sahne)

Kaffeedatteln:

18 Datteln
Saft von einer Orange
250 ml Kaffee
100 g Zucker

Fertiger Blätterteig

Kürbissorte nach Saison und Wahl

Kürbis-Orangencreme-schnitten mit Kaffeedatteln

Für die Creme: Bei den zwei Bio-Orangen einen Abrieb machen und danach auspressen. Ebenso die drei anderen Orangen auspressen. Nun den Saft zu einem Konzentrat von ca. zwei Esslöffeln einkochen.

Die Gelatine in kaltem Wasser einweichen, in etwas Rum auflösen und mit dem Kürbispüree, Orangenabrieb, Zucker, Zimt und Vanille verrühren. Zum Schluss das geschlagene Schlagobers unterheben.

Für die Kaffeedatteln: Die Datteln entkernen. Zucker leicht karamellisieren und mit dem Orangensaft ablöschen. Mit Kaffee aufgießen, Datteln beigeben und kurz einkochen lassen.

Blätterteig in 10 cm x 5 cm große Ecken schneiden, mit Dotter bestreichen, mit einer Gabel einstechen und bei 180 °C ca. 10 Minuten backen, auskühlen lassen und die Kürbis-Orangencreme auf den Teig streichen und mit einem weiteren Blatt abschließen.

Kürbis-Orangencremeschnitten mit den Kaffeedatteln servieren.

Parfait vom Muskatkürbis mit Kardamomweichseln

Zutaten

Für 10 – 12 Personen

200 g Muskatkürbispüree (siehe Seite 11)
2 ganze Eier
2 Dotter (Eigelb)
120 g Zucker
250 g Obers (Sahne)
Prise Zimt
Ingwer nach Geschmack
2 EL Kürbiskernkrokant (siehe Seite 121)
Abrieb von einer Bio-Orange

Kardamomweichseln:
800 g Weichseln (ersatzweise entkernte Tiefkühl-Weichseln)
1/8 l Kirschensirup
50 g Gelierzucker
1/16 l Apfelessig
2 cl Kirschlikör
1 TL Zitronensäure
1 kleine Zimtstange
Frisch gemahlener Kardamom (aus der Mühle)

Die ganzen Eier und die Dotter mit dem Zucker in einem Schneekessel über Wasserdampf warm zu einer cremigen Masse aufschlagen. Anschließend kalt schlagen.

Danach das Kürbispüree, Zimt, Ingwer- und Orangenabrieb sowie das Kürbiskernkrokant beigeben. Zuletzt das steifgeschlagene Obers unterheben. Die Parfaitmasse nun in mit Klarsichtsfolie ausgekleidete Formen einfüllen und ca. 4 Stunden einfrieren.

Für die Kardamomweichseln: 500 g Weichseln entkernen und diese mit Zitronensäure, Kirschensirup, Essig, Gelierzucker und Zimtstange ca. 15 Minuten leicht kochen lassen. Mit einem Stabmixer so lange mixen, bis die gewünschte Konsistenz erreicht wird. Nun durch ein feines Sieb seihen.

Die restlichen Weichseln ebenfalls entkernen und in der Weichselsauce einmal aufkochen lassen. Mit Kirschlikör parfümieren und mit gemahlenem Kardamom würzen. Die Weichseln ca. 4 Stunden beizen lassen.

Nun das eiskalte Parfait stürzen und mit der lauwarmen Weisel-Sauce gefällig anrichten.

Kürbiskern-Krokantparfait mit Zimtobers

Für den Krokant: Zucker in einer Pfanne karamellieren und die Kürbiskerne unterrühren.

Den Krokant auf ein leicht befettetes Blech geben und auskühlen lassen. Dann den Krokant mit einer Moulinette grob schroten.

Für die Parfaitmasse: Das Ei mit dem Dotter, Kristallzucker, Salz und Vanillezucker über Dampf warm aufschlagen und danach kalt schlagen, bis die Masse dick-cremig ist.

Das Kernöl mit Amaretto, Kürbiskernkrokant und etwa einem Drittel des Obers unter die Eimasse rühren. Das restliche Obers vorsichtig unterziehen und die fertige Masse in die vorbereiteten Formen füllen und ca. 4 Stunden im Tiefkühlfach einfrieren.

Für das Zimtobers: Das geschlagene Obers mit Zimt, Vanillezucker und Rum abschmecken und mit einer Erdbeersauce oder ähnlichen Fruchtsaucen mit dem Parfait anrichten.

Zutaten

Für 2 Personen

Krokant:
40 g Kristallzucker
40 g ganze Kürbiskerne

Parfaitmasse:
1 Ei
1 Eigelb
45 g Zucker
Prise Salz
1 Pkg. Vanillezucker
170 g geschlagenes Obers (Sahne)
15 g Kürbiskernöl
1 TL Amaretto

Zimtobers:
60 g geschlagenes Obers (Sahne)
1 Pkg. Vanillezucker
Zimt
Rum

Zum Anrichten:
Erdbeersauce oder ähnliche Fruchtsaucen

Zutaten

Für ca. 5 kleine Cocotten

Crème Brûlée:
130 g flüssiges Obers (Sahne)
45 ml Vollmilch
40 g (2 Stk.) Eigelb
½ TL Stärkemehl
15 g Zucker
1 Vanilleschote

Balsamico-Erdbeeren:
250 g Erdbeeren
1 – 2 EL Zucker
Balsamico-Essig nach Geschmack
1 Strudelteig (für die Körberl)

Kernöleis:
175 g Milch
½ Vanillestange
2 Eigelb
65 g Zucker
50 g flüssiges Obers (Sahne)
2 EL Kernöl

Crème Brûlée mit Balsamico-Erdbeeren und Kernöleis

Für die Crème Brûlée: Alle Zutaten verrühren, durch ein Sieb passieren und in Teller oder Soufflèförmchen füllen. Auf ein Backblech ca. 1 cm hoch Wasser aufgießen, die Förmchen hineinstellen und mit Klarsichtfolie abdecken. Im Backrohr bei 100 – 120 °C (Umluft) ca. 40 Minuten pochieren. Anschließend abkühlen lassen. Mit braunem Zucker bestreuen und mit einem Flämmer oder bei starker Oberhitze gratinieren.

Für die Balsamico-Erdbeeren: Die Erdbeeren klein schneiden und mit Zucker und Balsamico in einem geschlossenen Plastikbehälter solange schütteln, bis der Zucker sich gut aufgelöst hat.

Die Erdbeeren in den Strudelteigkörberl (Strudelteig 10 cm x 10 cm über eine befettete Dariolform stürzen und bei 180 °C ca. 8 Minuten backen) anrichten und eine Kugel vom Kernöleis daraufgeben und mit Crème Brûlée servieren.

Für das Kernöleis: Milch mit der halben Vanillestange aufkochen. Die Vanillestange auskratzen und entfernen. Die Eidotter mit dem Zucker verrühren, mit der Milch und dem flüssigen Obers mischen, auf 72 °C erhitzen und erkalten lassen. Zum Schluss das Kernöl beigeben.
Nun das Ganze in einer Eismaschine gefrieren.

Falls keine Eismaschine vorhanden ist, so kann man Kernöleis auch im Gefrierschrank unter öfterem Umrühren herstellen.

Kürbiskern-Krokantwaffel

Zutaten

Für ca. 8 – 10 Portionen

100 g Margarine
100 g Magertopfen (Magerquark)
75 g Kristallzucker
1 TL Vanillezucker
4 Eier
200 g Mehl
1 Msp. Backpulver
1/16 l lauwarmes Wasser
1 EL Rum
100 g geschrotetes Kürbiskrokant (siehe Seite 121)

Margarine und Topfen mit Geschmackszutaten schaumig rühren. Die Eier nach und nach beigeben, das Mehl mit dem Backpulver vermischen; in die Eiermasse vorsichtig einrühren, restliche Zutaten dazugeben und kurz vermengen.

Am besten den Teig über Nacht rasten lassen.

Den Teig portionsweise auf ein Waffeleisen gießen und knusprig backen.

TiPP

Zu Kürbiskern-Krokantwaffeln passen diverse Marmeladen oder Kompotte.

Kürbismarmelade mit Orangen und Ingwer

Zutaten

Für 1 Glas à 450 g

200 g Muskatkürbis, geschält
100 g Orangen, geschält
150 g Gelierzucker 1:2
Abrieb von 1 Orange
Ingwer

Den Muskatkürbis mittels einer Reibe raspeln und mit den geschnittenen Orangen in einen Topf geben. Den Gelierzucker hinzufügen und in einem Topf langsam aufkochen. Den Orangenabrieb und den geriebenen Ingwer nach Geschmack beigeben und ca. 15 Minuten langsam köcheln lassen. Danach mixen und passieren.

In ein vorbereitetes Glas noch heiß abfüllen und mit einem Schraubverschluss verschließen.

Kürbis-Cracker

Das Obers mit der Butter und dem Staubzucker in einem Topf auf ca. 50 °C erhitzen. In diese Flüssigkeit die geriebenen Kürbiskerne einrühren. Die Masse für eine Stunde zugedeckt in den Kühlschrank stellen.
Backrohr auf 200 °C vorheizen. Ein Backblech mit Backpapier belegen und die Kürbiskernmasse mit einer Palette gleichmäßig dünn aufstreichen. In die Mitte des Backrohrs einschieben und 8 – 10 Minuten goldbraun backen. Zum Auskühlen am Blech lassen und danach in gefällige Stücke brechen.

Zutaten

Für 1 Blech (40 cm x 60 cm)

30 g Schlagobers (Sahne)
100 g Staubzucker
60 g Butter
100 g geriebene Kürbiskerne

TIPP

Als Knabbergebäck oder zum Garnieren von diversen Desserts.

Kürbis-Püree

Den Kürbis in nicht allzu grobe Stücke schneiden und mit den angegebenen Zutaten langsam weich kochen. Der Saft sollte größtenteils verdampft sein. Danach die Zimtstange und die Nelken entfernen und den Kürbis mit einem Mixer zu Püree mixen.

Zutaten

Für 1 Glas à 450 g

300 g Kürbis (Muskat, roter Zentner, Butternuss)
150 g brauner Zucker
5 Stk. Gewürznelken
1 Zimtstange
Saft von einer Limette
Orangensaft nach Bedarf

TIPP

Kürbis-Püree mit geschlagenem Obers unterheben (2/3 Püree, 1/3 Obers) und schichtweise (zB mit Kürbis-Crackern) anrichten.

Gestürzte Kürbiskern-Krokantcreme mit karamellisiertem Muskatkürbis

Zutaten

Für 4 Personen

2 Vanilleschoten
20 g Honig
1 TL Vanillezucker
160 ml Milch
3 Dotter (Eigelb)
120 g weiße Kuvertüre
4 Blatt Gelatine
3 EL Eierlikör
3 Eiweiß
25 g Kristallzucker
120 g Schlagobers (Sahne)
2 EL Kürbiskernkrokant
(siehe Seite 121)
Etwas Öl

Karamellisierter Kürbis:
240 g Muskatkürbiswürfel
2 EL Staubzucker
Orangensaft
2 Orangen
½ Zimtstange
2 Stk. Nelken
1 EL Grand Manier
Stärkemehl zum Binden

Die Vanilleschoten der Länge nach aufschneiden und das Mark auskratzen.
Die Schoten, das Mark, Honig, Vanillezucker und Milch langsam zum Kochen bringen und ½ Stunde ziehen lassen. Die Vanilleschoten herausnehmen und die Vanillemilch mit Dotter über Dunst schaumig rühren.

Inzwischen die Kuvertüre etwas erwärmen und die Gelatine in kaltem Wasser einweichen. Gelatine gut ausdrücken und der Dottermasse beimengen. Die gesamte Masse kalt rühren. Nun die lippenwarme Kuvertüre und den Eierlikör zugeben. Eiweiß mit Kristallzucker zu Schnee schlagen und zusammen mit dem geschlagenen Obers und dem Kürbiskernkrokant unter die ins Stocken geratene Grundmasse ziehen. Kleine Formen mit etwas Öl einfetten und darin die Kürbiskern-Krokantcreme einfüllen.
Ca. 4 Std. kalt stellen.

Für die karamellisierten Kürbiswürfel: Staubzucker in einer Pfanne leicht karamellisieren, mit etwas Orangensaft ablöschen und die Zimtstange sowie die Nelken beigeben. Die Kürbiswürfel kurz mitkochen. Inzwischen die Orangen schälen und in Filets schneiden. Nun die Orangenfilets beigeben und mit Grand Manier abschmecken. Eventuell mit Stärkemehl binden.
Die gut gekühlte Kürbiskern-Krokantcreme stürzen und mit den warmen karamellisierten Kürbis-Orangen servieren.

Steirisches Kürbismousse

Zutaten

Für 4 Personen

250 g Kürbisfleisch, in grobe Stücke geschnitten, ohne Schale und Kerne (Muskatkürbis oder Hokkaido)

½ unbehandelte Zitrone und Orange
½ Vanilleschote
½ Zimtstange
10 g geschälter frischer Ingwer
1 TL Honig
5 Blatt Gelatine
Saft von einer Zitrone
10 ml Grand Manier

200 g Obers (Sahne)
100 g Crème fraîche
3 Eiweiß
45 g Zucker

Den Backofen auf 200 °C vorheizen. Kürbis auf ein großes Stück Alufolie legen, Zitrone und Orange in Scheiben schneiden und mit der aufgeschnittenen Vanilleschote, der Zimtstange, dem Honig und dem Ingwer belegen. Folie gut verschließen, sodass nichts auslaufen kann. Das Päckchen in eine Form legen und auf die mittlere Schiene des Backofens schieben.
Backdauer: ca. 1 Stunde.

Päckchen ganz abkühlen lassen. Gewürze und Zitrusscheiben entfernen und das Kürbisfleisch mit dem entstandenen Saft pürieren und durch ein Sieb passieren.

Gelatine in kaltem Wasser einweichen und ausdrücken, in Grand Manier auflösen und unter das Kürbispüree rühren. Das Püree über eine Schüssel mit Eiswasser und Eiswürfel setzen und kalt rühren, bis es zu stocken beginnt.
Den durchgesiebten Zitronensaft unterrühren. Das Obers mit der Crème fraîche aufschlagen. Das Eiweiß mit dem Zucker zu cremigem Schnee schlagen. Zuerst das Obers unterheben, dann den Eischnee.

Mousse in die gewünschten Portionsformen füllen und ca. 4 Stunden kalt stellen.

TiPP

Anrichten lässt sich das gestürzte Mousse dekorativ mit kleinen Walderdbeeren und Vanillesauce.

Brioche mit Kürbiskernen

Zutaten

Für 1 Striezel

500 g Mehl
50 g Kürbiskerne, fein geschrotet
210 g Milch
60 g Zucker
60 g Butter
30 g Germ
3 Eigelb
7 g Salz
Vanillezucker
Schale von 2 Zitronen

Mehl sieben, Germ in wenig lauwarmer Milch und Zucker auflösen und zusammen mit lauwarmer Butter, Eidottern, Salz, Kürbiskernen und Zitronenschale zum Mehlgemisch hinzufügen.

Alle Zutaten zu einem Teig verarbeiten. Den Teig so lange abschlagen, bis er seidig glänzt und Blasen wirft. Danach zudecken und an einem warmen Ort 30 Minuten aufgehen lassen.

Sodann den Teig dritteln, zu Kugeln formen, flechten und weitere 30 Minuten gehen lassen. Mit Eigelb einstreichen und mit Hagelzucker oder Kürbiskrokant bestreuen.

Danach im Backrohr (170 °C) ca. 20 – 25 Minuten (bis zu einer goldbraunen Farbe) backen.

Kürbis-Karottenmarmelade

Zutaten

Für 1 Glas à 450 g

200 g Muskatkürbis, geschält
100 g Karotten, geschält
150 g Gelierzucker 1:2
½ Zimtstange
1 Sternanis
2 Nelken

Den Muskatkürbis und die Karotten mittels einer Reibe raspeln und in einen Topf geben. Den Gelierzucker beigeben und langsam aufkochen. Die Gewürze hinzufügen und ca. 15 Minuten langsam köcheln lassen.

Die Gewürze wieder entfernen und die Kürbis-Karottenmarmelade mixen und passieren. In ein vorbereitetes Glas noch heiß abfüllen und mit einem Schraubverschluss verschließen.

Glossar

Brunoise	feinwürfelig geschnittenes Gemüse
Consommé	Rinderkraftbrühe
Cocotten	kleine hitzebeständige Formen
Dariolformen	kleine konische Formen zB für portionierte Terrinen. Anstelle von Dariolformen können auch Kaffee- oder Mokkatassen verwendet werden.
Glacieren	Überglänzen einer Speise (zB Gemüse mit Butter und Zucker)
Julienne	in feine Streifen geschnittenes Gemüse
Jus	Konzentrierter Bratensaft, der beim Abkühlen zu Gelee wird. Jus kann man fertig kaufen oder selbst herstellen, indem man den Fond sirupartig einkochen lässt.
Karamellisieren	Zucker mit etwas Wasser oder Weißwein solange erhitzen, bis er flüssig wird und eine goldgelbe Farbe annimmt.
Mehlieren	in Mehl wenden
Mie de Pain	entrindete Weißbrotbrösel
Mirepoix	in Würfel geschnittenes Röstgemüse für Suppen und Saucen
Montieren	Fertige Saucen werden mit kalten Butterflocken leicht gebunden und verfeinert. Wichtig: Die Sauce darf bei diesem Vorgang nicht mehr kochen.

Parisienne	Bezeichnung für runde Formen: Gemüse wird mit einem Parisienne-Ausstecher rund ausgestochen.
Pochieren	Fleisch bzw. Fisch in Flüssigkeit langsam garen, ziehen lassen
Rasten lassen	Fleisch nach dem Braten aus der Pfanne nehmen und auf einem Stück Alufolie oder einem mit Alufolie abgedeckten Teller ziehen lassen
Reduzieren	starkes Einkochen von Flüssigkeiten, bis durch Verdampfen die erwünschte Konsistenz erreicht ist (zB bei Saucen und Fonds)
Salamander	Gratinierofen mit sehr starker Oberhitze zum kurzen Überbacken. Ein ähnliches Ergebnis kann mit der Grillfunktion im Backrohr erzielt werden.
Sautieren	rasches Anbraten oder Schwenken von klein geschnittenem Gemüse, Fleisch, Geflügel oder Fisch in einer flachen Pfanne
Simmern	leichtes Köcheln
Tomatisieren	Tomatenmark zugeben und rösten
Tournieren	Formen von Gemüse (Kartoffeln) und Pilzen
Tülle	Spitze, die auf dem Dressiersack aufgesteckt wird. Es gibt glatte und gezackte Tüllen.
Vulcano-Schinken	steirische Rohschinken-Spezialität